Vorwort

Liebe Leserin, lieber Leser!

Der nächste Kindergeburtstag kommt bestimmt. Und der nächste Fasching oder Karneval sowieso. Wer da nicht vorbereitet ist, kommt zum x-ten Mal mit langweiligem weißem Laken als einfallsloses Gespenst daher.

Gut, dass es da die vielen tollen Ideen und Vorschläge für Schminkdesigns, Hüte und Masken gibt, die wir für Sie und Ihre Kinder in diesem umfangreichen Bastelbuch zusammengetragen haben. Ihre Kinder haben die freie Auswahl zwischen vielen bekannten Figuren aus dem Reich der Märchen und Sagen wie zum Beispiel Dornröschen oder den Froschkönig. Wer es lieber tierisch mag, wird im Kapitel „Tiere aus aller Welt" fündig. Mächtige Löwenmähnen, Giraffen und sogar ein echtes Krokodil gibt es hier zu bestaunen und nachzubasteln. Natürlich dürfen auch die absoluten Klassiker unter den Schminkmasken in diesem Buch nicht fehlen – im dritten Kapitel finden Sie deshalb eine ganze Reihe an tollen Clownsmasken zum Basteln und Schminken. Im vierten Kapitel wird's dann exotisch: Vom Chinesenhut bis zum prächtigen Indianerschmuck führen die Modelle einmal um die ganze Welt. Im letzten Teil zeigen wir dann passenden Outfits für die nächste Halloween-Grusel-Party. Schaurig-schöne Hexen, Poltergeister, ein grauenhafter Spinnenmann und der schreckliche Graf Dracula machen nicht nur Eindruck, sondern Ihnen und Ihren Kindern mit Sicherheit auch viel Freude beim Basteln und Schminken.

Wir wünschen Ihnen viel Spaß mit den vielen Ideen und Tipps rund um Hüte, Masken und Schminkideen.

Der große

Schminkspass

Yvonne Joosten (Hrsg.)

Mit lustigen Bastelideen für Hüte und Masken

Jede Schminkidee im Bilderkurs Schritt für Schritt erklärt

OZ creativ

Inhaltsverzeichnis

Märchen und Sagen

Tiere aus aller Welt

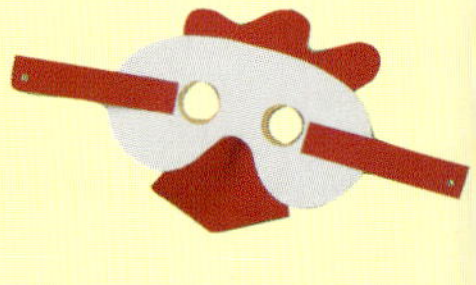

Die Clowns sind da!

Abenteuer in fernen Ländern

Gruseliger Geisterspaß

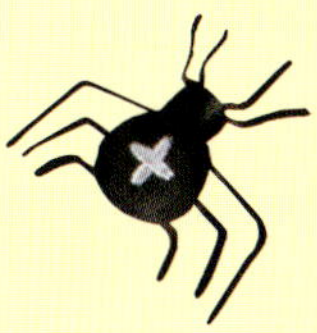

Märchen und Sagen

Feen und Trolle, Dornröschen und der Froschkönig, Zauberer und Elfen – wer denkt da nicht sofort an spannende Märchen und fesselnde Sagen? Für jeden, der nicht genug von diesen Geschichten bekommen kann, sind die im folgenden Kapitel zusammengetragenen Hüte, Masken und Schminkideen genau das Richtige.

Der gestiefelte Kater

Nicht nur Jungen, auch Mädchen können sich, als gestiefelte Kater verkleidet, auf den Weg machen, das nächste Schloss zu erobern.

1. Mit viel schwarzer Wasserschminke auf feinem Rundpinsel die Augenbrauen einzeichnen. Dazu an der Nasenwurzel beginnend an den Brauen entlang fahren und dann mit Außenschwung schräg nach oben ziehen. Anschließend zeichnen Sie die Katzenaugen ein und legen dazu erst wie auf dem Bild zu sehen entlang der Lidfalte einen schwarzen Strich, den Sie an den äußeren Augenwinkeln hochziehen. Zeichnen Sie danach den unteren Lidstrich ein. Als vierten Strich den oberen Lidstrich direkt über die Wimpern legen.

2. Die Nasen- und Lippenkontur mit schwarzem Schminkstift vorzeichnen und die Nase mit Schwarz ausmalen. Wichtig: Dabei auch den Nasensteg (die Stelle unterhalb der Nasenspitze) schwarz einfärben. Mit weißer Wasserschminke die Augen einlegen und mit viel Weiß auf breitem Flachpinsel die Oberlippe ausmalen, um die Katzenbäckchen anzudeuten. Auf Bild 3 ist noch einmal gut zu erkennen, wie die Augen gezeichnet wurden.

3. Mit schwarzem Schminkstift vier Punkte auf jede Seite der Oberlippe setzen und dann die Schnurrbarthaare einzeichnen. Tragen Sie zum Schluss rosafarbene Schminke auf die Lippen auf und ziehen die Lippenkontur noch einmal mit schwarzem Schminkstift nach.

1

2

3

Material

- Wasserlösliche Schminke in Schwarz, Weiß und Rosa
- Schminkstift in Schwarz
- Rund- und Flachpinsel

Der Froschkönig

„Wer quakt denn da?“ wird sich manch eine Faschings-Prinzessin fragen. Doch wenn sie den tollen Froschkönig sieht, wird sie schnellstens versuchen, die geheime Frosch-Sprache zu erlernen. Quak!

1. David hat sich bereit erklärt, zum Froschkönig zu werden. Noch stehen ihm die Haare nicht zu Berge und grün sehen sie auch nicht aus. Bei dieser Schminkmaske ist es besonders hilfreich, vorher im Gesicht Markierungspunkte anzulegen. Beginnen Sie mit einem Punkt zwischen den Augen, setzen Sie dann zwei seitliche Punkte an die Schläfen sowie zwei Wangenpunkte.

1

2

3

4

2. Zeichnen Sie nun nacheinander die Augenkonturen, die Mundkontur und anschließend die Außenkontur mit dem grünen Schminkstift ein. Versuchen Sie hierbei auf beiden Gesichtshälften möglichst symmetrisch zu arbeiten.

3. Beginnen Sie danach mit dem Ausmalen. Zuerst werden die hellgrünen Flächen (bis auf den Froschmund) aufgemalt. Legen Sie dann jeweils daneben die Farben Mittel- und Dunkelgrün. Für fließende Übergänge lassen Sie die Farben leicht ineinander laufen. Zum Schluss betonen Sie die Tiefen wie im Bild zu sehen mit Schwarz.

4. Malen Sie den Froschmund in Hellgrün und die Augenkreise in Gelb aus. Dann die Haare mit Gelfestiger nach oben kämmen und mit grünem Haarspray einfärben. Halten Sie dazu dem Kind vorsichtig ein Papiertaschentuch vor das frisch geschminkte Gesicht. Zum Schluss wird das kleine Goldkrönchen aufgesetzt.

Material

- Wasserlösliche Schminke in Hell-, Mittel- und Dunkelgrün, Gelb und Schwarz
- Schminkstift in Grün und Schwarz
- Flach- und Rundpinsel
- Gelfestiger und Kamm
- Papierserviette
- grünes Haarspray
- Goldkrönchen

Dornröschen

Eine Schminkmaske, von der viele Mädchen träumen: Als Dornröschen verkleidet verwandeln sich auch die vorwitzigsten kleinen Mädchen in liebe, zarte Märchenwesen.

1. Julia ohne Schminke. Gleich wird sie sich in Dornröschen verwandeln, das gerade aus dem hundertjährigen Schlaf erwacht ist. Als Kostüm bietet sich ein Prinzessinnenkleid an. Statt einem Krönchen erhält das Dornröschen rote Seidenrosen ins Haar geflochten. Die Rosen werden mit Haarklammern befestigt.

2. Bei dieser Schminkmaske wird das Gesicht in zwei Hälften geteilt. Malen Sie zuerst die schräg über die Stirn, Nase und Wange verlaufende Trennlinie mit goldfarbener Wasserschminke vor. Tupfen Sie dann die goldfarbene Schminke in der rechten Gesichtshälfte gleichmäßig auf. Tauchen Sie hierzu das Schwämmchen jeweils kurz in Wasser, drücken es aus, nehmen Schminke auf und tupfen dann die Farbe sorgfältig auf. Alles zum Schluss leicht antrocknen lassen.

3. Malen Sie die zweite Gesichtshälfte mit rosafarbener Schminke aus. Ziehen Sie dann mit blauer Wasserschminke entlang der Trennlinie einen geschwungenen Strich. Hierzu können Sie den Rundpinsel oder auch den schmalen Flachpinsel verwenden. Verteilen Sie etwas Glitter auf Stirn und Wange der goldfarbenen Gesichtshälfte. Zeichnen Sie mit dem blauen Schminkstift die Unterlidslinien ein und tuschen Sie die Wimpern. Zum Schluss werden die Lippen mit rotem Lippenstift ausgemalt.

Tipp:

Natürlich kann einem kurzhaarigen Dornröschen mit einer Langhaarperücke zu üppiger Haarpracht verholfen werden. An Kindern wirken diese Perücken jedoch oft zu mächtig. Auch beginnen sie – bedingt durch die Wärmeentwicklung auf der Haut – nach spätestens einer Stunde Tragezeit zu jucken. Ein zarter Tüllschleier sorgt hier für einen ähnlichen Effekt und ist außerdem viel angenehmer zu tragen.

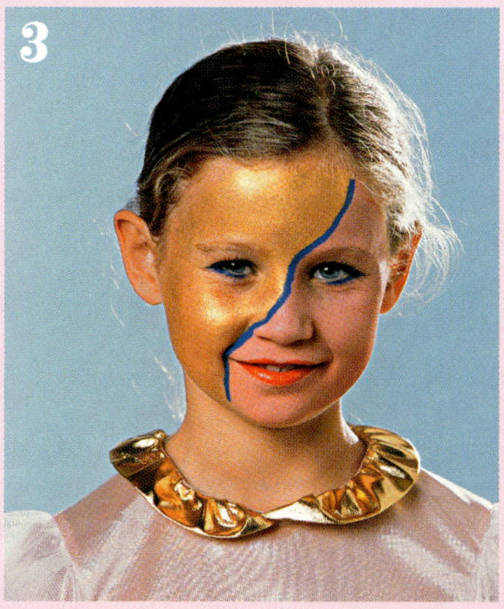

Material

- Wasserlösliche Schminke in Gold, Rosa und Blau
- Schminkstift in Blau
- Flachpinsel
- Rundpinsel
- Schminkschwämmchen
- Wimperntusche in Schwarz
- Lippenstift in Rot

Märchenkönig und Königin

Der König und die Königin setzten ihre Kronen auf und begannen, ihr Königreich zu regieren. Und wenn sie nicht gestorben sind, regieren sie noch heute.

Zarte Krone

1. Schneiden Sie für den Reif einen Streifen aus Spiegelkarton (3 x 37 cm) und kleben ihn entsprechend dem benötigten Umfang zusammen.

2. Streifen von der Vorlage achtmal auf Spiegelkarton übertragen. Kürzen Sie vier Streifen um einen Zentimeter (siehe gestrichelte Linie in der Vorlage) und kleben immer zwei gleichlange Streifen mit der nicht spiegelnden Seite zusammen. Nach dem Trocknen des Klebstoffs die beiden kürzeren Streifen entsprechend der Vorlage lochen.

3. Jeweils die beiden gleich langen Streifen im Bereich der Spitze verkleben.

4. Kleben Sie nun zunächst die beiden kürzeren Streifen an den Reif, dann die beiden längeren Streifen ebenfalls mit Klebstoff am Reif fixieren.

5. Verbinden Sie die Teile im Bereich der Spitzen miteinander (siehe Detailfoto). Dazu ein Stück Myrtendraht mit einer starken Schere oder dem Seitenschneider abschneiden und so durch die oberen Löcher und die Kehlung des oberen Kronenteils ziehen, dass beide Teile miteinander verbunden werden. Draht verdrillen.

6. Fädeln Sie das Herz auf ein Stück Draht und biegen diesen unterhalb des Herzchens zu einer Öse. Das andere Ende mit der Rundzange spiralig biegen und in die Lochung einhängen.

7. Acht Herzchen mit Alleskleber gleichmäßig auf den Reif kleben.

8. Stanzen Sie zum Schluss seitlich zwei kleine Löcher in den Reif und knoten das Gummiband ein. Die Enden innen mit Klebefilm befestigen.

Königskrone

1. Übertragen Sie die Krone von der Vorlage auf Spiegelkarton und schneiden sie aus.

2. Mit Fun Liner Punkte und Kreise aufmalen, Glassteine sofort hineinsetzen und über Nacht trocknen lassen.

3. Ziehen Sie um das große Schmuckelement nochmals einen Kreis mit dem Fun Liner.

4. Kleben Sie die Krone zusammen. Das Samtband wird bündig mit der geraden Unterkante aufgeklebt.

Material

Zarte Krone
- Spiegelkarton in Gold
- Myrtendraht in Gold
- Plastikherzen
- dünnes Gummiband in Ocker
- Klebefilm
- Klebstoff
- Schere
- Lochzange
- Seitenschneider oder starke Schere
- Rundzange

Königskrone
- Marabu-Fun Liner Glitter in Gold
- Spiegelkarton in Gold
- Glasnugget-Mix
- Samtband in Rot
- Klebstoff, Schere

Vorlagen 1 und 2, Seite 158

Kunibert, der edle Ritter

Einfach, schnell und überaus effektvoll verwandelt dieser Ritterhelm jeden in einen edlen Ritter. Wie wäre es gleich mit einer ganzen Schar tapferer Kämpfer beim nächsten Fest? Mit etwas Hilfe können auch schon jüngere Kinder den Helm selbst fertigen.

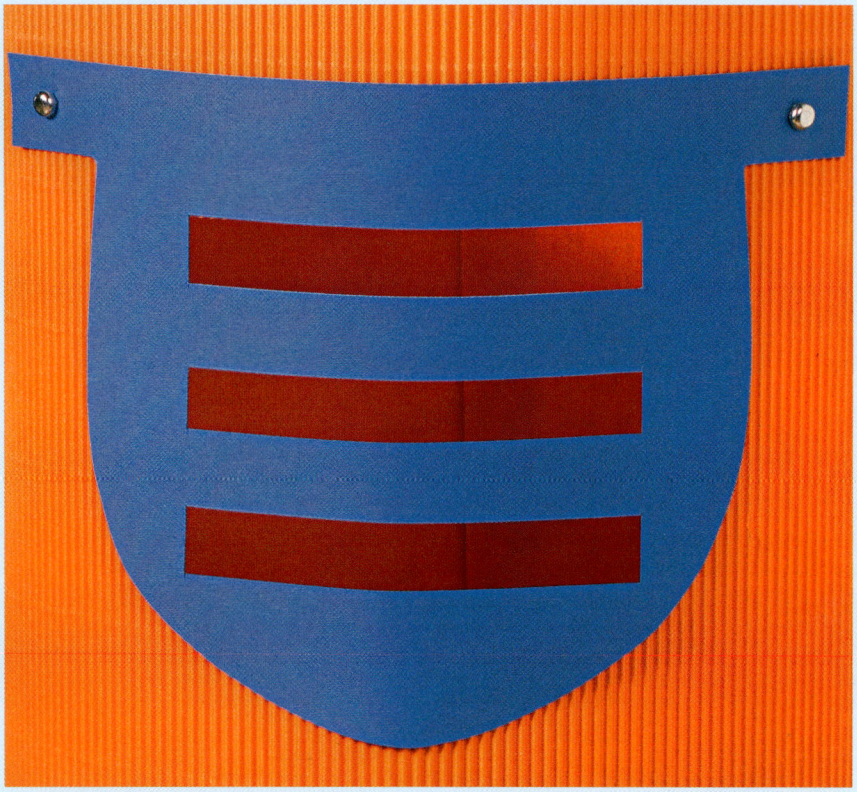

1. Schneiden Sie zunächst die Wellpappe zu (60 x 28 cm). Beachten Sie, dass die Wellen parallel zur kürzeren Kante verlaufen.

2. Zeichnen Sie nun in der Mitte der Wellpappe und mit einem Abstand von sieben Zentimetern zum oberen Rand eine rechteckige Öffnung an, die zehn Zentimeter hoch und zwölf Zentimeter breit ist. Schneiden Sie die Öffnung anschließend aus.

3. Übertragen Sie das Visiermuster von der Vorlage auf den Tonkarton und schneiden das Visier dann aus. Die Sehschlitze lassen sich am besten mit dem Cutter herausschneiden.

4. Durchbohren Sie das Visier an den Markierungspunkten.

5. Befestigen Sie nun das Visier über der rechteckigen Öffnung auf der Vorderseite der Wellpappe mit Musterklammern.

6. Schließen Sie die Wellpappe zu einer Röhre und fixieren die Federn von innen mit etwas Klebstoff.

Tipp:
Probieren Sie am besten vorher mit einem Stück Zeitungspapier aus, ob die für die Wellpappe angegebenen Maße dem Kopfumfang Ihres Kindes entsprechen. Sollte die Maske zu groß oder klein sein, schneiden Sie die Wellpappe etwas kürzer oder länger als die angegebenen 60 cm zu.

Material

- Wellpappe in Orange
- Tonkarton in Blau
- 2 Musterklammern
- Federn in Blau und Lila
- Bleistift
- Schere, evtl. Cutter
- Schneideunterlage
- Lineal
- Klebstoff

Vorlage 3, Seite 159

Fliegender Federbusch

Wer diesen Super-Helm trägt, wird sicher rundum staunende Aufmerksamkeit erregen. Nicht nur holde Burgfräulein werden den Kopfschmuck bewundern, der vor allem bei heftigen Wortgefechten schützt, sondern auch Knappen und Edelleute.

1. Zeichnen Sie die Hutgrundform laut Vorlage auf einen hellblauen Tonkartonstreifen (70 x 18 cm) auf und schneiden ihn anschließend aus.

2. In jede zweite Lasche – wie in der Vorlage eingezeichnet – mit dem Locher oder der Lochzange (kleinstes Loch) vorsichtig ein Loch einknipsen.

3. Halten Sie den Tonkartonstreifen um den Kopf und messen die passende Größe ab. Kleben Sie die Hutgrundform nun in der Größe passend zusammen oder heften sie mit einem Hefter zusammen. Die überschüssigen Laschen werden abgeschnitten.

4. Schneiden Sie die in der Hutgrundform eingezeichneten Laschen ein. Stecken Sie eine Musterbeutelklammer von oben durch das Loch einer Lasche. Die nachfolgende Lasche ohne Loch nach innen legen, die nächste Lasche mit dem Loch wieder auf die Musterklammer stecken. Verfahren Sie so fortlaufend mit allen weiteren Laschen und biegen die Klammer am Schluss innen um.

5. Übertragen Sie das Visier auf hellgrauen Tonkarton und schneiden es aus. Mit der Nadel kleine Löcher durch den Rand des Visiers und den Helm stechen und das Visier mit Musterbeutelklammern am Helm befestigen. Schneiden Sie anschließend aus gelbem und orangefarbenem Krepppapier je einen Streifen zu (ca. 20 x 28 cm), falten sie in der Mitte und öffnen den Falz wieder.

6. Schneiden Sie aus gelbem Tonkarton einen Streifen (1,8 x 25 cm) aus und bestreichen ihn einseitig mit Klebstoff. Kleben Sie einen Krepppapierstreifen mittig auf den Tonkartonstreifen und stauchen ihn dabei in der Länge leicht.

7. Drehen Sie den Tonkartonstreifen um und bestreichen die zweite Seite mit Klebstoff. Kleben Sie das Krepppapier um die Kartonkante und führen beide überlappenden Krepppapierseiten in der Mitte zusammen.

8. Verfahren Sie mit dem zweiten Krepppapierstreifen ebenso. Schneiden Sie in jede Papierlage einzeln mit der Schere Fransen. Die Helmzier wird mittig auf dem Ritterhelm fixiert.

Material

- Transparentpapier; Bleistift
- Tonkarton in Hellgrau, Hellblau und Gelb
- Krepppapier in Gelb und Orange
- Locher oder Lochzange
- dicke Nadel
- Musterbeutelklammern
- Klebstoff
- Schere oder Cutter

Vorlagen 4 und 5, Seiten 160/161

Mode für Burgfräulein

Schöne Burgfräulein und gute Feen, die heimliche Wünsche erfüllen, brauchen unbedingt diesen Hut in zartem Rosa. Ganz wichtig für alle Romantikerinnen sind die hauchzarten, wehenden Bänder aus Tüll.

1. Formen Sie den Tonkarton zur spitzen Tüte – dabei oben eine kleine Öffnung lassen – und kleben die Tüte an der Längsseite zusammen. Wichtig: Damit sich das Tonkarton-Quadrat nicht wieder öffnet, unbedingt einen starken Kleber (z.B. Holzleim) verwenden und die Papierkanten fest aufeinander drücken.

2. Schneiden Sie sechs Tüllbänder (jeweils 5 x 30 cm) und fassen diese an einer Seite zusammen. Ziehen Sie die Bänder vorsichtig durch die Öffnung in der Spitztüte nach innen und fixieren sie dort mit Kleber.

3. Schneiden Sie den unteren Rand der Tüte gerade. Beziehen Sie dann die Tüte mit rosa Filz. Der überstehende Filz wird anschließend am inneren Tütenrand verklebt.

4. Fixieren Sie die Mitte des blauen Satinbandes im oberen Drittel des Hutes auf der Rückseite. Legen Sie dann die Enden des Bandes überkreuzt nach vorne kleben sie im Hut fest.

5. Kleben Sie zum Schluss zur Dekoration kleine Sterne auf. Zwei pinkfarbene Satinbänder werden abschließend im Hut eingeklebt.

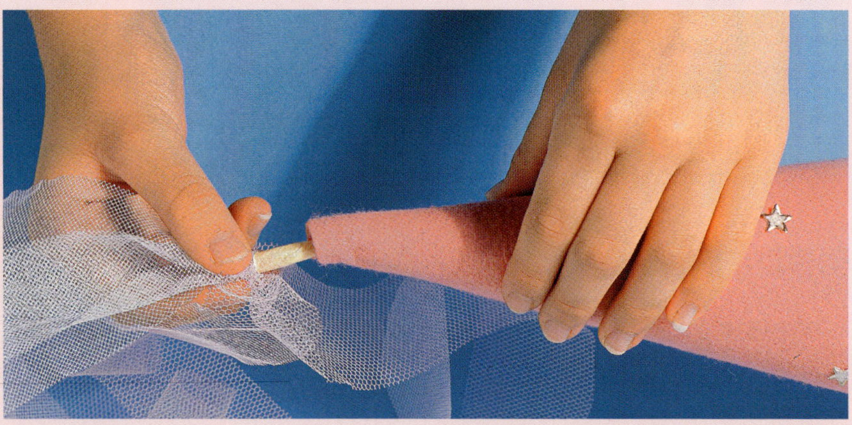

Material

- Tonkarton in Rosa, 40 x 40 cm
- Filz in Rosa, 45 x 45 cm
- Satinband in Hellblau und Pink
- Tüll in Rosa und Weiß
- Sticker „Sterne"
- Schere
- Holzleim

Zaubern für Anfänger

Mit dem magischen Zauberhut fällt die Entdeckung von Geheimnissen garantiert leichter. Denn mit ihm bleibt dem kleinen Zauberlehrling nichts verborgen und er kann sich schon einmal im Auffinden verlegter Gegenstände üben!

1. Übertragen Sie die Hutteile von der Vorlage auf Transparentpapier und anschließend auf den Filz. Schneiden Sie alle Teile aus, die Hutkrempe wird zweimal angefertigt.

2. Um den Hutkegel herzustellen, drehen Sie das ausgeschnittene Teil zu einer Tüte und kleben die Kanten schmal aufeinander. Lassen Sie den Klebstoff gut trocknen. Schneiden Sie den unteren Rand des Kegels rundherum etwa einen Zentimeter tief keilförmig ein und klappen die Ränder nach außen.

3. Stülpen Sie eine Hutkrempe von oben über den Kegel und befestigen ihn mit Klebstoff auf den Rändern. Beginnen Sie dazu an der rückwärtigen Nahtstelle und fixieren die Krempe abschnittsweise. Um die Hutkrempe zum Kreis zu schließen, schneiden Sie den überstehenden Rand bis auf einen Zentimeter zurück und kleben ihn dann zu.

4. Drehen Sie den Hut nun um und kleben die zweite Krempe von unten gegen die obere. Gehen Sie dabei ebenso vor wie bei der ersten Krempe.

5. Tragen Sie auf die Gürtelschnalle grünen Fun Liner Glitter auf und lassen ihn trocknen. Ziehen Sie das Chiffonband durch die Gürtelschnalle, legen es locker um den Hut und verschließen es an der hinteren Hutseite mit einem Knoten. Befestigen Sie das Chiffonband mit ein paar Nadelstichen am Hut.

6. Malen Sie mit dem grünen Fun Liner Glitter auf den Hutkegel und die Krempe Sterne, Punkte und Monde. Betonen Sie den Hutrand durch einen Glitterstreifen. Lassen Sie die Farbe gut trocknen.

Material

- Marabu-Fun-Liner Glitter in Grün
- Transparentpapier
- Bleistift
- Filz in Schwarz, 100 x 50 cm
- grünes Chiffonband
- schwarze Gürtelschnalle
- Klebstoff
- Schere
- Nadel und Faden

Vorlagen 6 und 7, Seiten 162/163

Ich verhex' euch!

Diese Hexe kennt ganz bestimmt allerlei nützliche Hexensprüche. Und auf ihrem Besen kann sie doch sicher auch reiten, oder?

1. Schneiden Sie zunächst für das Kopftuch ein Dreieck von 65 x 85 cm aus grünem Baumwollstoff. Schlagen Sie sämtliche Kanten um, stecken diese fest und säumen sie.

2. Nähen Sie nun zwei Satinbänder von je 37,5 cm Länge an die lange Seite und setzen sie 15 cm von der Spitze einwärts an. Das Tuch wird nun gebügelt.

3. Schneiden Sie Filz und Jute zu Vierecken beliebiger Größe und befestigen Sie die Zuschnitte mit Textilkleber auf dem Tuch. Malen Sie mit dem schwarzen Stift die „Stiche" auf.

4. Schneiden Sie für den Pony einen Streifen von 30 x 10 cm aus orangefarbenem Filz. Lassen Sie einen Rand von zwei Zentimetern stehen, schneiden Sie den Rest in Fransen von fünf bis neun Millimetern. Kleben Sie den Pony mit Textilkleber unter die lange Seite des Tuchs.

5. Übertragen Sie die Vorlage für die Nase vom Vorlagenbogen auf Fotokarton. Schneiden Sie die Nase aus und stanzen mit der Lochzange zwei kleine Löcher für die Befestigung der Gummikordel ein. Biegen Sie die Nasenform rund, kleben einen Steg ein und knoten Sie die Gummikordel ein.

Material

- Grüner Baumwollstoff 85 x 65 cm
- Satinband grün, 6 mm breit, 75 cm lang
- Filz in Lila, Hellblau, Gelb, Rot
- Filzmeterware in Orange
- Juteband in Gelb und Pink
- Textilkleber
- Fotokarton in Hellbraun
- Gummifaden, hellbraun, ca. 35 cm
- passendes Nähgarn
- schwarzer Faser-Stift
- Lochzange
- Nähmaschine
- Stecknadeln
- Kopierpapier
- Papier
- Bleistift; Schere
- Klebstoff

Vorlage 8, Seite 163

Mein Freund, die Vogelscheuche

Vor dieser charmanten Vogelscheuche fürchtet sich kein Piepmatz. Einer hat sich gleich auf ihrem Kopf niedergelassen. Vielleicht baut er dort sein Nest? Besonders originell: das passende T-Shirt mit Flickenmuster!

1. Schneiden Sie das T-Shirt am Saum und an den Armen zackig. Aus Filz Rechtecke zuschneiden und mit Textilkleber auf das T-Shirt kleben. Nehmen Sie das Nähgarn doppelt und nähen die Flicken mit großen Stichen auf.

2. Legen Sie für die Perücke Baststränge auf einer Breite von ca. 17 cm nebeneinander und nähen mit dem reißfesten Garn mittig mehrmals auf und ab. Binden Sie einen zusätzlichen Baststrang mit reißfestem Garn ab und legen diesen unter den hinteren Teil der Perücke. Für den Pony werden etliche Halme nach vorne gezogen. Schneiden Sie einen Streifen beigefarbenen Filz im Format 9 x 23 cm zu und kleben ihn mit reichlich Klebstoff unter die Perücke (siehe Zeichnung im Vorlageteil). Dabei die Ponyfransen nach vorne ziehen und zurechtschneiden.

3. Trennen Sie für Kopf und Körper des Vogels jeweils von Wattekugel und Watteei einen Teil mit einem scharfen Messer ab. Verkleben Sie die Teile.

4. Schneiden Sie den Figurendraht jeweils auf 19,5 cm Länge zu, biegen ihn entsprechend der Zeichnung und verkleben Sie die Drähte. Bohren Sie mit der Scherenspitze zwei Löcher in den Körper und kleben dort die Beine ein.

5. Bemalen Sie Körper und Beine entsprechend der Abbildung. Malen Sie das Auge schwarz und setzen nach dem Trocknen Lichtpunkte mit Weiß auf.

6. Kleben Sie erst die Federn in zuvor gebohrte Löcher, dann den aus Tonkarton geformten Schnabel an den Kopf. Nähen Sie ein Gummiband an die Perücke und fixieren die Vogelfüße mit einigen Nadelstichen auf der Perücke.

Material

- Marabu Acrylfarbe in Mittelgelb, Orange, Gelbgrün, Weiß und Schwarz
- T-Shirt
- Filz in Weiß, Grün, Orange, Gelb und Beige
- Textilkleber
- bunte Putenfedern
- Watteei, 6 cm
- Wattekugel, Ø 3,5 cm
- Figurendraht, Ø 8 mm, 40 cm lang
- Tonkarton in Gelb
- Nähgarn in Schwarz
- Reißfestes Garn in Beige
- Naturbast
- feine und grobe Nähnadel
- Gummikordel in Beige 42 cm
- Schere
- Borstenpinsel
- Haarpinsel
- scharfes Messer
- Klebstoff

Geheimnisvoller Waldgeist

Ein wenig mystisch sieht dieser Waldgeist schon aus. Da er gerade sein Einhorn im dunklen Tann zurückgelassen hat, spaziert ein Abbild davon auf seiner Wange herum.

1. Grundieren Sie das Gesicht zuerst mit verschiedenen Farben: Tragen Sie von unten nach oben mit einem möglichst trockenen Schwämmchen Orange, Rot und Violett auf. Setzen Sie auf die rechte Wange einen gelben Kreis für die Sonne und füllen die freien Stellen mit Weiß aus. Lassen Sie die Farben für fließende Übergänge leicht ineinander laufen.

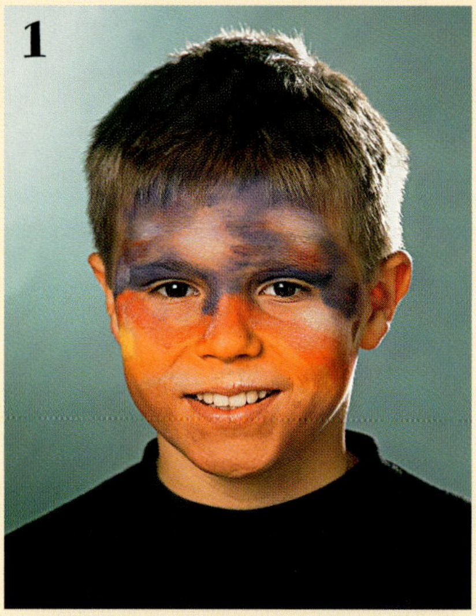

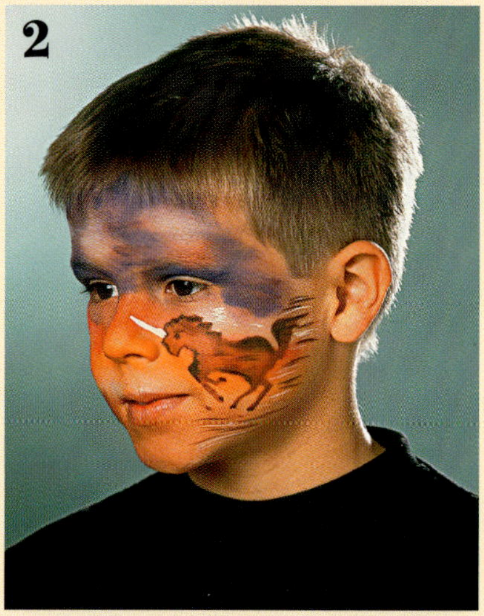

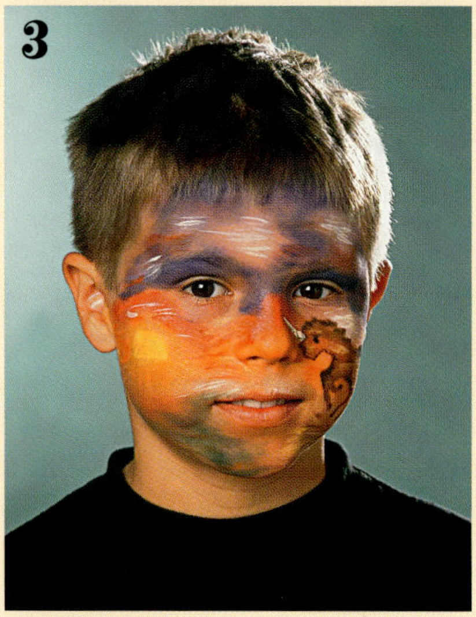

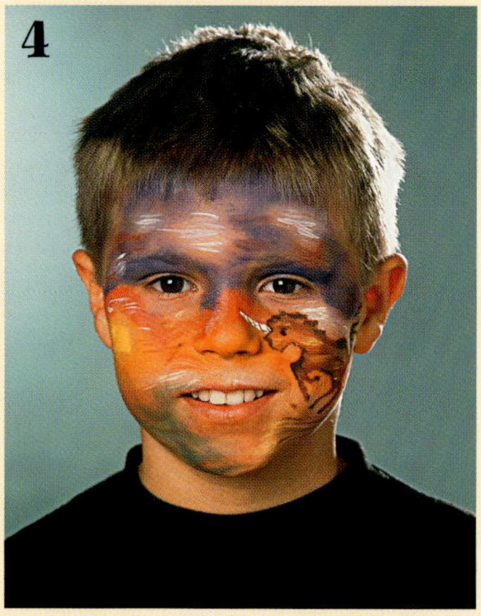

2. Zeichnen Sie auf die linke Wange mit Dunkelbraun die Umrisse eines kleinen Einhorns. Sie können hierzu die Vorlage auf dieser Seite auf ein Kartonstück übertragen, ausschneiden und als Schablone auf die Wange legen. Die Linien werden dann entlang der Ränder nachgezogen.

3. Malen Sie das Einhorn mittelbraun aus, zeichnen Sie anschließend ein weißes Horn ein. Malen Sie auf die rechte Wange der Sonne mit Gelb und Weiß Strahlen auf. Geben Sie etwas Grün auf das Kinn und verwischen die Farbe ebenfalls leicht.

4. Gestalten Sie das Einhorn und die linke Gesichtshälfte mit weißen und schwarzen Strichen. Setzen Sie dem Waldgeist einen spitzen Hut auf, den Sie ganz nach Belieben mit Blätterranken schmücken. Dazu ein weiter Umhang um die Schulter, und der Waldgeist ist fertig.

Material

- Wasserlösliche Schminke in Orange, Grün, Rot, Gelb, Violett, Braun und Weiß
- Schminkstift in Schwarz
- Flachpinsel
- Rundpinsel
- Schminkschwämmchen
- Karton, Bleistift und Schere für die Schablone

Wilder Feuerteufel

Jetzt wird's höllisch heiß. Wer dem echten Feuerteufel begegnet, wird farbige Flammen sogar in seinem wilden Teufelsgesicht entdecken.

1. Zeichnen Sie zuerst dicke gelbe Flammen mit einem breiten Flachpinsel auf das Gesicht. Verteilen Sie die Flammen gleichmäßig über die Fläche und lassen Sie sie jeweils oben spitz zulaufen. Die Flammen dürfen über den Mund und auch an den Augenrändern entlang laufen.

Tipp:

Um eine saubere Trennung der Farben zu erhalten, empfehlen wir Ihnen, pro Farbe einen Pinsel zu verwenden. Wer nicht so viele Pinsel nehmen möchte, muss bei jedem Farbwechsel den Pinsel sorgfältig in Wasser ausspülen.

2. Setzen Sie anschließend orangefarbene Flammen dazu. Lassen Sie die obersten Flammen bis in den Haaransatz hineinlaufen, die untersten Flammen beginnen am Kinn. Wenn das Kind den Mund schließt, können Sie das Ergebnis besser kontrollieren.

3. In die noch offenen Zwischenräume malen Sie nun noch rote Flammen hinein. Zum Schluss konturieren Sie die Flammen mit schmalen schwarzen Strichen. Das bringt Tiefe in die Zeichnung. Setzen Sie dann dem Kind eine Teufelsperücke mit roten Hörnern auf. Die Perücke wird von vorn nach hinten über den Kopf gezogen.

Tipp:

Bei der Farbwahl für die Flammen sind Sie natürlich nicht nur auf Gelb, Orange und Rot beschränkt. Sie können auch Farben aus einem anderen Bereich wie Blau, Türkis und Grün nehmen. Dann wird aus dem hitzigen Feuer- ein waschechter Wasserteufel.

1

2

3

Material

- Wasserlösliche Schminke in Gelb, Orange, Rot und Schwarz
- Schminkstift in Schwarz
- Flachpinsel
- Rundpinsel
- Teufelsperücke

Trolle haben rote Haare

Mutig hat sich der kleine Troll aus dem Wald gewagt. Dabei hat sich allerlei in seinem feuerroten Haar verfangen. Die tolle Perücke wird aus Jutegras gefertigt. Bei der originellen Dekoration sind der Fantasie keine Grenzen gesetzt.

1. Reißen Sie die Zeitung in kleine Stücke, blasen Sie den Luftballon zu einem Umfang von 55 cm auf, verknoten ihn und stecken ihn in den Tontopf. Bekleben Sie den Ballon mehrschichtig mit Holzleim und Zeitungsschnipseln. Lassen Sie den Ballon einen Tag trocknen.

2. Formen Sie aus der Modelliermasse kleine Knochen, die über Nacht trocknen müssen.

3. Schneiden Sie das Pappmaschee kappenartig aus und besprühen es mit roter Farbe. Streichen Sie die Kappe mit Klebstoff ein und kleben Jutegras üppig auf. Binden Sie einzelne Stränge mit Biegeplüsch oder Bast ab. Befestigen Sie dabei einzelne Pfifferlinge und Federn. Flechten Sie nun die Zöpfe, binden dabei die Knochen ein und frisieren Sie die Haare anschließend.

4. Die fertige Kappe wird beidseitig gelocht. Ziehen Sie ein Gummiband doppelt durch die Löcher und verknoten es.

5. Kleben Sie für den Schwanz rund um das Ende der Kokoskordel einen Strang Jutegras. Umwickeln Sie es stramm mit rotem Nähgarn. Anschließend noch einmal gekreuzt mit Bast umbinden und eventuell ankleben. Binden Sie dabei einen Knochen ein. Bestreichen Sie das andere Ende der Kordel dünn mit Kleber und umwickeln es mit braunem Nähgarn, damit es nicht ausfranst. Befestigen Sie den Schwanz mit einer Sicherheitsnadel am Po.

Material

- Marabu-aqua-Mattlack
- Marabu-do it Colorspray in Karminrot
- 3 Pakete Jutegras in Rot
- Pfifferling-Gruppe
- Modelliermasse
- Gänsefeder
- Biegeplüsch in Grün
- Naturbast
- Kokoskordel, Ø 12 mm
- Nähgarn in Braun und Rot
- Schere
- Klebstoff
- Holzleim
- Luftballon
- Tontopf 17x15 cm
- Lack-Pinsel
- Zeitungen
- Gummifaden rot, ca. 53 cm
- Lochzange
- Sicherheitsnadel

Zwerg mit Riesenkräften

Nicht nur im Märchen, auch sonst sind Zwerge überall hochwillkommen. Dieser freundliche Wichtel kennt sich sicher gut mit Gartenarbeiten aus!

1. Max, bevor er sich in einen bärtigen Zwergenmann verwandelt, der bereits weit über einhundert Jahre alt ist. Wer möchte, kann das Gesicht mit brauner Schminke grundieren, unbedingt notwendig ist es bei dieser Maske jedoch nicht.

2. Malen Sie mit Rot die Nase und die Bäckchen auf. Verwischen Sie die Punkte an den Rändern leicht mit dem Schminkschwämmchen. Entlang der unteren Augenlider ziehen Sie mit dunkelbraunem Schminkstift je eine Linie. Lassen Sie dazu das Kind nach oben schauen, dann können Sie leichter die Striche ziehen.

3. Kleben Sie aus weißer Watte Augenbrauen und Bart auf. Schneiden Sie dazu die Watte zuerst in Form und zupfen sie ein wenig zurecht. Bestreichen Sie die Augenbrauen des Kindes sowie die Kinnpartie mit Mastix und drücken Sie dann die Watteteile an. Anschließend wird die Zwergenmütze aufgesetzt. Sie sitzt besser, wenn sie ebenfalls an den Rändern mit etwas Mastix fixiert wird.

Tipp:

Wenn das Kind längere Haare hat, werden diese hochgebunden und unter die Zwergenkappe gesteckt.

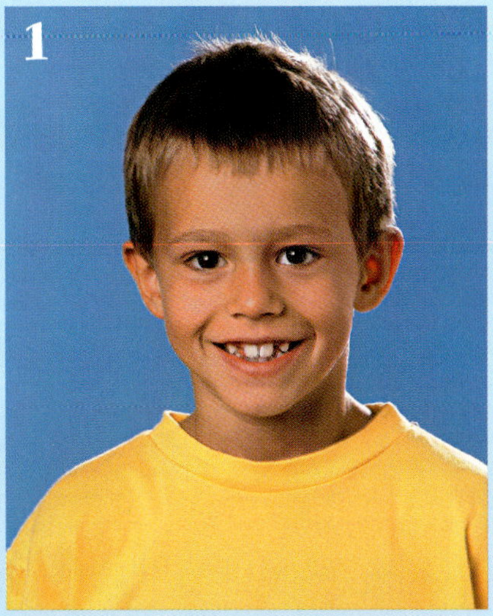

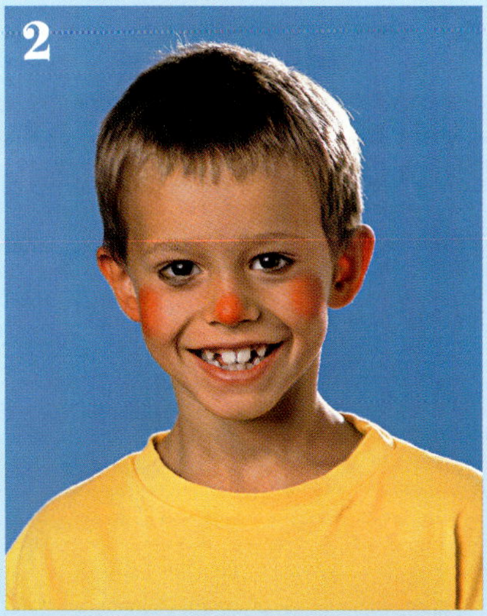

Material

- Wasserlösliche Schminke in Rot
- brauner Schminkstift
- Flachpinsel
- Schminkschwämmchen
- Weiße Watte
- Mastix (hautfreundliches Klebemittel, erhältlich im Theaterfachhandel)

Kunterbunte Blumenfee

Wie sich schnell und mit einfachen Mitteln ein höchst ansprechendes Schminkgesicht zaubern lässt, zeigt diese zarte Blumenfee. Die freundlichen Ranken passen auch gut zu einer Frühlingsparty.

1. Mit dem schwarzen Schminkstift zeichnen Sie zuerst die Umrisse von drei einfachen Blütenformen auf die linke Gesichtshälfte des Kindes.

2. Auf die rechte Seite legen Sie einen lang gezogenen Schnörkel mit kleinen Punkten in der Mitte.

3. Malen Sie nun mit Blau, Orange, Rot und Gelb die Blüten aus. Den Schnörkel ebenfalls mit Gelb füllen und die Punkte bunt ausmalen.

4. Verbinden Sie dann die Blüten mit schön geschwungenen grünen Ranken und Blättern. Verwenden Sie dazu Wasserschminke und den Rundpinsel.

5. Schmücken Sie den Schnörkel mit schwarzen Zierlinien. Überziehen Sie die Motive mit etwas Goldglimmer und binden Sie die Haare einfach mit farbigen Gummibändchen büschelweise hoch.

1

2

3

4

5

6

- Wasserlösliche Schminke in Blau, Gelb, Orange, Rot und Grün
- Schminkstift in Schwarz
- Goldglimmer
- Flachpinsel
- Rundpinsel
- evtl. farbige Gummibändchen für die Haare

Süße Elfe

Zarte Wesen bevölkern Wiesen und Wälder – so glaubt man. Wer diese kleine Elfe hier sieht, weiß, dass er einem dieser Wesen begegnet sein muss.

1. Auf dem ersten Bild sehen Sie Melanie, bevor sie sich in eine zarte Elfe verwandelt und die Sprache der Blumen lernt. Für das Elfenkostüm bietet sich ein pastell- oder silberfarbenes Prinzessinnenkleid an.

2. Zeichnen Sie mit einem schmalen Flachpinsel und Wasserschminke türkisfarbene Wellenlinien und Ornamente auf das Gesicht. Sparen Sie die Augen und den Mund hierbei möglichst aus.

3. Setzen Sie anschließend rosafarbene Blüten mit gelben Mittelpunkten dazwischen und ergänzen Sie die Ranken mit kleinen türkisfarbenen Blättern.

4. Malen Sie mit dem schwarzen Schminkstift Unterlidstriche unter die Augen und färben die Lippen rosa ein. Verteilen Sie über das ganze Gesicht verstreute kleine Punkte aus silberfarbenem Glitter, um die Elfen-Schminkmaske zu vervollständigen.

Tipp:
Ebenso gut wie das gezeigte Prinzessinnenkleid würde zum geschminkten Gesicht der kleinen Elfe ein Kleid in unterschiedlichen Grüntönen passen.

1

2

3

Material

- Wasserlösliche Schminke in Türkis, Rosa und Gelb
- Schminkstift in Schwarz
- Flachpinsel
- Rundpinsel
- Silberglitter

Wer glaubt an Meerjungfrauen?

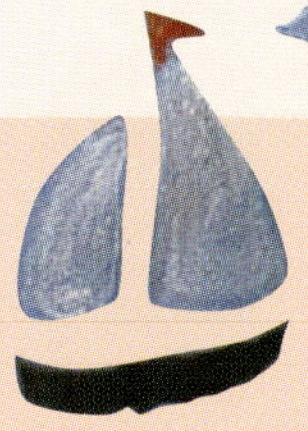

Wer diese Nixe sieht, bekommt Lust auf einen Sommertag am Meer. Fische und Boote tummeln sich hier zusammen mit kleinen Schönwetterwölkchen auf blauem Untergrund.

1. Grundieren Sie das Gesicht mit wenig Wasser auf dem Schwämmchen in verschiedenen Blautönen. Lassen Sie die Farben dabei leicht ineinander fließen.

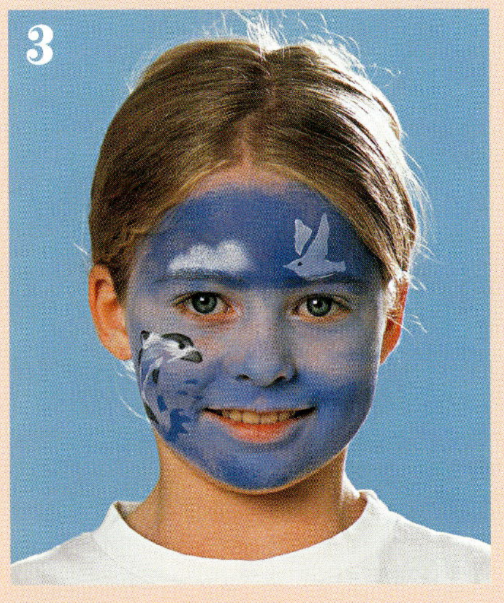

2. Malen Sie der Nixe einen springenden Delfin auf die Wange. Sie können hierzu die auf dieser Seite abgebildete Vorlage verwenden und daraus eine Schablone herstellen. Legen Sie die Schablone auf das Gesicht und ziehen die Umrisslinien des Delfines mit Weiß nach. Malen Sie den Delfin anschließend mit schwarzer und weißer Wasserfarbe aus.

3. Setzen Sie auf die Stirn mit einem Schwämmchen weiße Wolken. Zeichnen Sie dann mit dem Rundpinsel eine weiße Möwe ein. Lassen Sie die Motive zunächst trocknen und malen der Möwe danach ein schwarzes Auge auf.

4. Zeichnen Sie auf die linke Wange ein Segelboot mit Weiß und Schwarz auf. Malen Sie zum Abschluss eine kleine rote Flagge an den Segelmast des Bootes.

Tipp:

Als Kostüm zu dieser Schminkmaske eignet sich ein klassisches Fisch- oder Meeresfräuleinkleid. Sie können aber ebenso ein Fantasiekostüm zusammenstellen: Fixieren Sie dazu in grobmaschigem Stoff oder feinen Netzen Deko-Muscheln und wickeln Sie dieses Netz der Nixe über Jeans und weißes T-Shirt.

Material

- Wasserlösliche Schminke in verschiedenen Blautönen, Weiß, Schwarz und Rot
- Schminkstift in Schwarz
- Flach- und Rundpinsel
- Schminkschwämmchen

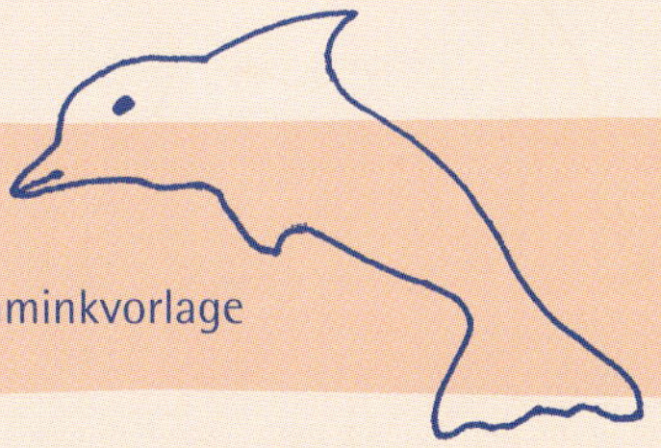

Schminkvorlage

Geheimnisvolle Sternenfee

Zaubern müsste man können: Kein Problem für diese super-niedliche Sternenfee. Was mag sie nur gerade herbei- oder wegzaubern?

1. Malen Sie zuerst mit viel mittelblauer Wasserschminke am Pinsel die Augenbrauen in einem Schwung nach oben. Wer sich das noch nicht direkt aus der Hand zutraut, kann die Konturen auch mit einem blauen Schminkstift vorzeichnen.

2. Anschließend werden mit Wasserschminke in verschiedenen Blautönen kleine Sterne aufgemalt. Setzen Sie auf eine der Gesichtshälften einen Stern mit einem Schweif. Zeichnen Sie dann mit hellblauer Wasserschminke eine bogenförmige Linie unter die mittelblauen Augenbrauen.

3. Runden Sie die Maske mit kleinen „kosmischen" Punkten in Blau ab. Zum Schluss tragen Sie ein wenig Goldglimmer auf die Sternchen und die Augenbrauen auf. Setzen Sie der Fee anschließend einen feenhaften Spitzhut auf und geben ihr einen goldenen Sternenstab, damit sie sogleich die ersten Zaubersprüche murmeln kann.

Tipp:

Sauberere Ergebnisse mit dem Pinsel erzielen Sie, wenn Sie die Farbe mit Wasser aus einem Sprühfläschchen ansprühen und anschließend mit einem trockenen Pinsel darüber fahren.

Material

- Wasserlösliche Schminke in drei verschiedenen Blautönen
- Schminkstift in Blau
- Rundpinsel
- Flachpinsel
- Glitter-Mascara in Gold

Abrakadabra - ein Zauberhut

Wer Zauberbücher liebt, braucht einen Zauberhut. Dieser hier entsteht aus Tonkarton und Filz. Fehlt nur noch der richtige Zauberspruch und ein funktionstüchtiger Zauberstab.

1. Schneiden Sie den Tonkarton in einer Größe von 40 x 40 cm zu, rollen ihn zur Tüte und kleben diese an der Längsseite zusammen. Schneiden Sie den Hutrand nach dem Trocknen gerade.

2. Schneiden Sie den Filz zurecht (45 x 45 cm) und beziehen die Tüte damit. Streichen Sie dazu den Filz mit Holzleim ein und legen ihn faltenfrei auf. Begradigen Sie den Rand und kleben den überstehenden Filz am Hutrand nach innen.

3. Schneiden Sie für die Krempe zunächst einen Tonkartonkreis mit einem Durchmesser von 26,5 cm aus und beziehen diesen ebenfalls mit Filz.

4. Zeichnen Sie auf dem Tonkarton einen Innenkreis mit einem Durchmesser von 15 cm an. Schneiden Sie in der Mitte ein Loch ein. Von dieser Öffnung ausgehend werden schmale Laschen bis zum Beginn der eigentlichen Hutkrempe eingeschnitten. Kleben Sie die Krempe mit der Filzseite nach oben in die Tüte ein.

5. Übertragen Sie die Vorlage der Schnalle auf Alukarton und schneiden sie aus. Kleben Sie nun zunächst das Geschenkband auf den Hut. Darauf wird die Schnalle mit Klebstoff befestigt.

6. Markieren Sie mit Hilfe der Ausstechform Sterne auf dem Moosgummi. Schneiden Sie die Sterne aus und kleben sie auf den Hut.

7. Befestigen Sie zum Schluss das Gummiband mit Klebebandstücken im Hut.

Material

- Tonkarton in Schwarz
- Filz in Schwarz
- Moosgummi in Gelb
- kleine Ausstechform „Stern"
- Schleifenband in Rot, 50 cm lang, 4 cm breit
- Alu-Bastelkarton in Silber
- Schere
- Holzleim
- Klebstoff
- Gummiband
- Klebeband

Vorlage 9, Seite 163

Höllisches Teufelchen

Richtig „dämonisch“ geht es dann zu, wenn die Farben Rot und Schwarz ins Spiel kommen. Sie signalisieren geballte Energie und Zauberkraft.

1. Malen Sie mit einem schmalen Pinsel zunächst die Augenbrauen „dämonisch gezackt“ auf. Lassen Sie die Enden der Brauen bis in die seitliche Nasenwand hineinlaufen.

2. Legen Sie in die Lidfalte einen dunklen Strich und ziehen ihn an den äußeren Augenwinkeln hoch. Das Kind sollte die Augen schließen, dann können Sie den ebenfalls seitlich hochgezogenen Oberlidstrich ziehen. Entlang des Unterlides den letzten schwarzen Augenstrich setzen.

3. Malen Sie anschließend das ganze Lid von der Nase an rot aus. Mit schwarzer Farbe auf dem Schwämmchen werden die Schläfenschatten angebracht. Schminken Sie danach die Wangenschatten.

4. Sprühen Sie schließlich die Haare schwarz ein. Halten Sie dabei eine Papierserviette vor das geschminkte Gesicht. Danach werden die Pony-Haare in noch feuchtem Zustand zu einer Spitze, die auf die Nase weist, geformt. Seitliche Koteletten werden ebenfalls zu Spitzen gedreht und in die Wangeschatten gelegt.

1

2

3

Material

- Wasserlösliche Schminke in Schwarz und Rot
- Schminkstift in Schwarz
- Schminkschwämmchen
- Rundpinsel
- Flachpinsel
- Haarspray in Schwarz

Tiere aus aller Welt

Löwen, Tiger, Elefanten und sogar ein Krokodil haben wir im nächsten Kapitel für Sie „gefangen". Wir stellen Ihnen die wilden Tiere hier als völlig zahme und ungefährliche Bastel- und Schminkideeen vor. Mit den tollen Masken wird jeder Kindergeburtstag schnell zum lustigen Zoo und Ihre Kinder können als wilder Löwe verkleidet mal so richtig losbrüllen, dass die Wände wackeln.

Hoch wie eine Giraffe

Giraffen haben beeindruckend lange Beine und ausgesprochen schöne Wimpern. Die Beine sind bei diesem Exemplar leider nicht zu sehen, dafür klimpern die Wimpern der Moosgummi-Maske umso schöner.

1. Stellen Sie zunächst eine Schablone für die Maske her. Übertragen Sie dafür die Maskenvorlage auf Karton und schneiden diese aus.

2. Schneiden Sie die Rundungen, Augenschlitze und Innenohrteile mit der Nagelschere aus der Maskenvorlage heraus. Durchstechen Sie die seitlich markierten Punkte mit der Nagelschere.

3. Zeichnen Sie mit Hilfe der fertigen Schablone die Maske auf das Moosgummi und schneiden die Maskenform aus.

4. Augenschlitze sowie Rundungen werden am besten wiederum mit der Nagelschere aus dem Moosgummi herausgetrennt. Durchstechen Sie die seitliche Markierung für den Gummidurchzug ebenfalls mit der Nagelschere.

5. Zeichnen Sie die Details wie Haare, Wimpern und Fell aus der Hand mit Bleistift vor.

6. Bemalen Sie nun die Maske. Dabei wird das Fell in Braun gestaltet, Augenumrandung und Wimpern werden in Schwarz aufgemalt. Lassen Sie anschließend die Farbe gut trocknen.

7. Schneiden Sie den Hutgummi auf die benötigte Länge zu. Richten Sie sich dabei nach dem Kopfumfang Ihres Kindes, das die Maske später tragen soll.

8. Ziehen Sie den Hutgummi in die vorgesehenen Öffnungen ein und verknoten ihn.

Material

- Marabu Acrylfarbe in Mittelbraun und Schwarz
- Hutgummi, Ø 1,5 mm
- Moosgummi in Gelb, 20 x 30 cm, 3 mm stark
- Karton
- Bleistift
- Schere
- Nagelschere

Vorlage 10, Seiten 164

Der König der Tiere

Wir brauchen hier nicht erst zu verraten, dass Löwen gerne brüllen – zukünftige Junglöwen werden dies schon vor ihrer Verwandlung tun.

1. Legen Sie zuerst breite gelbe Streifen auf Stirn, Lider, Wangen und Kinn an. Nehmen Sie hierzu viel Farbe auf einen breiten Flachpinsel und tragen die Muster direkt aus der Hand auf. Sollten Sie sich vermalen, können Sie die Schminke leicht mit etwas Wasser auf einem Schwämmchen wieder entfernen.

2. Zeichnen Sie anschließend mit Dunkelbraun die äußeren Augenkonturen ein. Malen Sie Kinn- und Wangenlinie auf. Setzen Sie danach mit Orange und Mittelbraun kleine Striche in die freien Stellen. Wichtig: Mund und Nase hierbei frei lassen.

3. Als Nächstes wird mit dem schwarzen Schminkstift die Mund- und Nasenkontur eingezeichnet. Für die Barthaare setzen Sie schwarze Punkte auf die gelben Bäckchen. Bringen Sie zusätzliche kleine schwarze Striche auf die gelben Flächen der Stirn und der Augenlider auf.

4. Malen Sie nun Nase und Mund schwarz aus und ziehen kleine Barthaare aus den Punkten auf den gelben Bäckchen. Anschließend wird die Fellkapuze oder die Löwenperücke aufgesetzt. Die natürlichen Haare des Kindes dürfen bei dieser Maske ebenfalls sichtbar sein.

Material

- Wasserlösliche Schminke in Gelb, Orange, Mittel- und Dunkelbraun und Schwarz
- Schminkstift in Schwarz
- Flachpinsel
- Rundpinsel

Majestätisch und stolz

Wenn der Löwe seine prächtige Mähne schüttelt, wissen alle anderen Tiere sofort, warum er der König der Tiere genannt wird.

1. Übertragen Sie zunächst sämtliche Teile des Löwenkopf-Motivs von der Vorlage auf den vorgesehenen Tonkarton. Verwenden Sie für die Mähne den braunen, für das Löwengesicht den beigefarbenen Karton.

2. Zeichnen Sie anschließend mit dem schwarzen Filzstift die Ohrmuscheln, die Nase und die Schnurrhaare in das Gesicht des Löwen ein. Setzen Sie dann mit dem weißen Lackstift ein Glanzlicht auf die Nase.

3. Kleben Sie nun das Löwengesicht auf die Mähne und lassen den Klebstoff gut trocknen.

4. Befestigen Sie den Hutgummi auf der Rückseite des Löwengesichts. Fädeln Sie dazu den Hutgummi in die Nadel ein. Stechen Sie nun mit der Nadel unterhalb des Ohrs von hinten nach vorne und zurück und ziehen Sie so den Hutgummi durch den Tonkarton. Wiederholen Sie den Vorgang auf der anderen Gesichtshälfte.

5. Passen Sie abschließend noch den Hutgummi an den Kopfumfang Ihres Kindes an. Der Gummi wird zum Schluss hinter dem Kopf verknotet.

Tipp:
Sie können die Löwenmähne natürlich noch auf verschiedene Weise zusätzlich dekorieren. Sehr einfach geht das mit einem schwarzen Stift, mit dem sich Haare andeuten lassen. Aber auch Fell- oder Plüschreste lassen sich auf die Maske kleben, um der Mähne etwas mehr Leben zu verleihen.

Tipp:
Um die Vorlagen abzupausen, verwenden Sie am besten Transparentpapier, das es in jedem Bastel- oder Schreibwarengeschäft gibt. Legen Sie das Papier einfach auf die Vorlagen, die Sie weiter hinten im Buch finden, und pausen Sie die Motive durch. Legen Sie anschließend das Kohlepapier auf den entsprechenden Tonkarton und darauf das Transparentpapier. Zeichnen Sie dann die Konturen des Motivs nach.

Material

- Tonkarton in Braun und Beige
- Transparentpapier
- Kohlepapier
- Bleistift, schwarzer Filzstift
- Weißer Lackstift
- Hutgummi und passende Nadel
- Klebstoff
- Schere oder Cutter

Vorlage 11, Seiten 165

Gefährliches Raubtier

Ganz so gefährlich, wie sein Ruf besagt, ist dieser Tiger bestimmt nicht. Aber wenn der Tiger so verwegen dreinblickt, kriegt man es vielleicht doch mal mit der Angst zu tun.

1. Übertragen Sie sämtliche Teile des Motivs von den Vorlagen auf Transparentpapier und danach auf Tonkarton. Schneiden Sie die Motivteile anschließend exakt aus.

2. Kleben Sie die grünen Augenringe auf das Gesicht und malen den Innenrand mit schwarzem Filzstift nach.

3. Fixieren Sie den weißen Backenbart rechts und links unter den Backen mit Klebstoff. Bringen Sie dann die Backen auf dem Gesicht an. Achten Sie darauf, dass die Backen nur im mittleren Gesichtsbereich festgeklebt werden, so dass sich der Kopf später ohne die äußeren Backen wölben lässt.

4. Befestigen Sie die schwarze Nase auf den Backen und bringen den weißen Nasenfleck an. Die Reißzähne werden von hinten gegen die Schnauze geklebt. Malen Sie mit dem schwarzen Filzstift die Punkte auf die Schnauze.

5. Kleben Sie die Innenohren auf die Ohren und bringen diese mit Klebstoff von hinten an der Stirn an.

6. Knipsen Sie mit einem Locher oder einer Lochzange rechts und links am Kopf je ein Loch ein.

7. Ziehen Sie das Gummiband durch die Löcher an den Kopfseiten. Stimmen Sie die Länge auf die Kopfgröße Ihres Kindes ab und befestigen Sie die Enden mit Klebeband.

Material

- Tonkarton in Pastellgelb oder Elfenbein, Weiß, Schwarz und Hellgrün
- Tonpapier in Rosa
- Tonkarton mit Tigerfell-Musterung
- Transparentpapier
- Kohlepapier
- Bleistift
- Filzstift in Schwarz
- Gummiband
- Locher oder Lochzange
- Klebstoff
- Klebeband
- Schere oder Cutter

Vorlage 12, Seite 166

Kleine Wildkatze

Immer wieder schön: In niedliche Kater und Kätzchen können sich Jungen wie Mädchen verwandeln. Die Verwandlung ist verblüffend.

1. Tragen Sie zuerst weiße Wasserschminke mit dem Schwämmchen auf die Mundpartie, das heißt, auf Kinn, Oberlippe und untere Wangenhälften, auf. Lassen Sie die Schminke weich in die noch ungeschminkten Gesichtsbereiche verlaufen. Setzen Sie dann auf das Oberlid weiße Schminke und ziehen diese schräg über die Schläfen bis zum Haaransatz hinauf.

2. Legen Sie für die ausdrucksstarken Katzenaugen in die Lidfalte mit dunkelbrauner Schminke einen Strich und ziehen diesen an den äußeren Augenwinkeln hoch. Ziehen Sie anschließend von der Nase ausgehend über die Augenbrauen einen weiteren Strich schräg nach oben. Den unteren Lidstrich ebenfalls an der Nasenseite beginnend unter dem Auge schräg nach oben bis in den Haaransatz verlaufend ziehen.

3. Zeichnen Sie die Nasen- und die Oberlippenkontur ein und malen diese mit Schwarz aus. Bringen Sie für die Barthaare fünf Punkte versetzt auf beiden Gesichtshälften an. Malen Sie von dort aus anschließend die Barthaare an. Als Nächstes werden zwei Kinnbögen eingezeichnet und die Lippen rosarot ausgemalt. Bringen Sie zum Schluss die Maske mit etwas Goldglimmer zum Leuchten.

Tipp:

Achten Sie beim Schminken der Nase und der Oberlippe darauf, auch den Nasensteg zwischen den Nasenlöchern mit einzufärben. Obwohl diese Stelle unwichtig erscheint, trägt sie doch nachher, sobald sich das Kind bewegt, entscheidend zum Eindruck eines perfekt geschminkten Katzengesichts bei.

Material

- Wasserlösliche Schminke in Weiß, Schwarz, Rosa und Dunkelbraun
- Schminkstift in Schwarz
- Schminkschwämmchen
- Rundpinsel
- Flachpinsel
- Glitter-Mascara in Gold

Streifen wie ein Zebra

Eigentlich ist so ein elegantes Zebra ja nie alleine anzutreffen - sie sind immer in Herden unterwegs. Vielleicht tun sich ja ein paar Freunde für die nächste Party zusammen und gehen als Zebra-Herde?

Tipp:
Für die Stirntolle können Sie anstatt des weißen Tonkartons natürlich auch weißen Stoff oder Plüsch verwenden. Mit Plüsch oder Kunstfell wirkt die Maske gleich viel lebensechter.

1. Übertragen Sie zunächst sämtliche Teile des Zebra-Motivs von der Vorlage auf Transparentpapier.

2. Pausen Sie die Motive danach vom Transparentpapier auf den weißen Tonkarton durch und schneiden Sie die Teile danach exakt aus.

3. Übertragen Sie die Zebrastreifen mit Hilfe der Vorlage mit einem Filzstift auf die Maske. Malen Sie die Streifen anschließend mit dem Filzstift aus.

4. Die Innenohren werden mit schwarzem Filzstift auf die Ohren gemalt. Kleben Sie die Ohren danach von hinten am Gesicht an.

5. Fixieren Sie die weiße Stirntolle mit Klebstoff auf der Maske.

6. Schneiden Sie anschließend aus weißem Tonkarton zwei Streifen von je zwei mal zwölf Zentimetern aus und lochen diese jeweils an einer Seite. Kleben Sie die ungelochte Seite in Augenhöhe von hinten gegen das Gesicht.

7. Ziehen Sie das Gummiband durch die Löcher. Stimmen Sie dabei die Länge des Bandes auf die Kopfgröße Ihres Kindes ab. Verknoten Sie zum Schluss das Gummiband.

Tipp:
Verwenden Sie als Umhang für diese Maske eine Plüschdecke mit Zebramuster. Falls Sie ein eigenes Kostüm nähen möchten, erhalten Sie Stoffe mit Zebramuster auch im Fachhandel für Dekostoffe.

Material

- Tonkarton in Weiß
- Schwarzer Filzstift
- Transparentpapier
- Bleistift
- Gummiband
- Locher
- Klebstoff
- Schere oder Cutter

Vorlage 13, Seite 167

Große Klappe mit vielen Zähnen

Krokodile sind gefährlich? Dieses hier wohl kaum, trotz seiner Furcht erregenden Schnauze und den blitzenden Zähnen. Für die Herstellung braucht man etwas Geduld, dafür wird man mit einem wirklich originellen Kopfschmuck belohnt.

1. Das Krokodil hat ein Untergestell aus dickem Draht: An einem Rahmen (siehe Vorlage) werden unterschiedlich geformte Drahtstücke befestigt. Formen Sie zunächst den Rahmen und sichern die Verbindungsstelle mit Klebefilm. Formen Sie dann die einzelnen Drahtstücke nach Vorlage. Rahmen und Einzelstücke werden entsprechend der Vorlage mit Klebefilm verbunden.

2. Schneiden Sie aus dem Fotokarton vier Streifen (jeweils 4 cm breit und 15 bis 25 cm lang), legen diese über die Drähte und befestigen sie mit Klebefilm (siehe Detailfoto).

3. Schneiden Sie den Filz für den Bezugsstoff zu (gestrichelte Linie auf der Vorlage). Stellen Sie einen kleinen Spachtel aus Karton her und bestreichen Sie den Rand der Filzplatte ringsum etwa vier Zentimeter hoch mit Alleskleber. Legen Sie das Drahtgestell auf, schlagen den Filz nach innen und drücken ihn an. Wichtig: Der Filz für die Hinterkopf-Partie wird dabei in Falten gelegt.

4. Schneiden Sie aus Filz ein Rechteck zurecht (45 x 31,5 cm) und kleben es an der schmaleren Seite von innen mit Alleskleber an den Hinterkopf.

5. Halbieren Sie das Watteei mit dem Cutter und malen mit dem Filzstift auf beide Teile eine große Pupille auf. Kleben Sie die beiden Teile als Augen auf.

6. Schneiden Sie die Zähne (4 kleine, 14 große, 2 Eckzähne), Nasenlöcher und Augenlider aus Filz aus und fixieren sie mit Alleskleber von innen am Gestell.

Tipp:
Falls die Maske zunächst noch nicht richtig sitzt, können die Drähte auch im Nachhinein leicht verformt werden. Ein Kinngummi sorgt ggf. zusätzlich für guten Sitz.

Material

- Dicker Draht
- Fotokarton in Rot
- Bastelfilz in Dunkelgrün, 60 x 90 cm
- Bastelfilz in Weiß und Schwarz
- Watteei, 40 mm
- Klebefilm
- Alleskleber
- Dicker Filzstift in Schwarz
- Cutter
- Flachzange
- Schere
- Seitenschneider

Vorlagen 14 - 21, Seiten 168, 169, 170

Bunter Paradiesvogel

Eine witzige Verwandlung, die schnell geschminkt werden kann. Nötig hierfür sind nur möglichst viele verschiedene Schminkfarben.

1. Das ist Lea. Gleich wird sie einen orange-gelben Schnabel erhalten und ganz viele bunte Federn aufsetzen. Als Paradiesvogel braucht man sich nicht allzu viele Gedanken um sein Kostüm zu machen – Hauptsache, es ist schön lustig und hat viele verschiedene Farben.

1

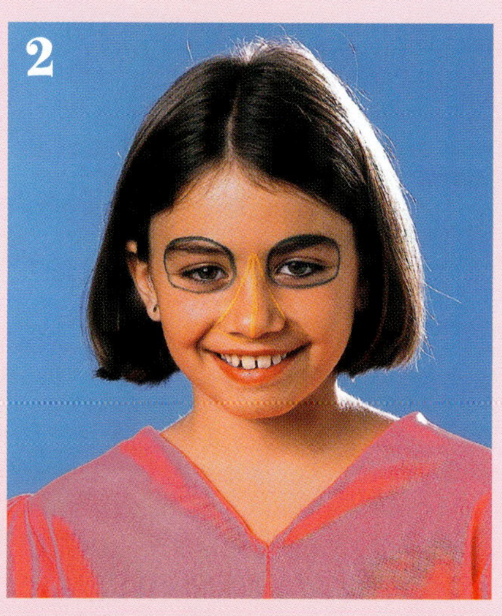

2

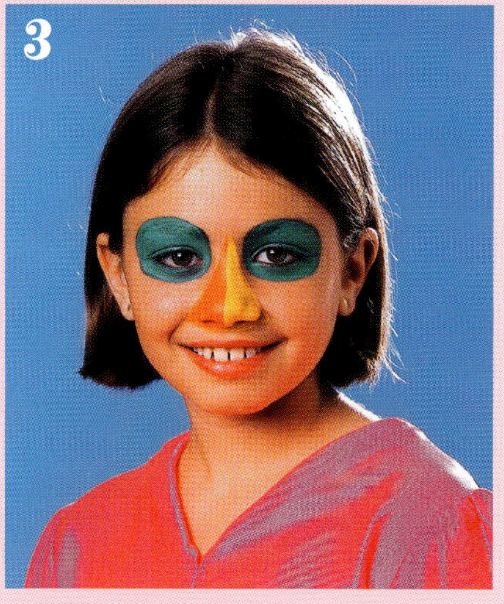

3

4

2. Zeichnen Sie mit grünem Schminkstift die Umrisslinien für die Vogelaugen vor. Ziehen Sie dann mit gelbem Schminkstift die Linien für den Schnabel. Achten Sie dabei darauf, auf beiden Gesichtshälften möglichst symmetrische Formen zu zeichnen.

3. Malen Sie die Augenkreise grün aus. Nehmen Sie hierzu auf einen Flachpinsel reichlich grüne Farbe und tragen sie gleichmäßig auf. Färben Sie dann die linke Nasenhälfte gelb und die rechte Nasenhälfte orangefarben ein. Ziehen Sie die Farbe ruhig ein wenig über die Nasenflügel hinaus, damit der Eindruck eines Schnabels entsteht.

4. Setzen Sie blau-, rosa- und türkisfarbene Striche wie im Bild entlang der Nase bis zum Kinn hinunter. Setzen Sie auch einige Striche auf die Lippen, um den Vogelgesichtseindruck zu verstärken. Stricheln Sie dann mit Gelb und Violett in Richtung Ohren und Haaransatz weiter. Verdrillen Sie nun farbige Federboas miteinander und legen sie dem Paradiesvogel um den Kopf. Die Federboas werden zusätzlich mit ein paar kleinen Haarklammern fixiert.

Material

- Wasserlösliche Schminke in Grün, Gelb, Orange, Blau, Rosa, Türkis, Gelb und Violett
- Schminkstift in Grün und Gelb
- Flachpinsel
- Rundpinsel
- verschiedenfarbige Federboas
- kleine Haarklammern

Tipp:

Wer keine allzu große Schminkpalette zur Verfügung hat, kann sich die Farben aus Wasserschminke auch selbst mischen.

Plapper-Papagei

Papageien sind ständig zu allerlei Späßen aufgelegt. Ihre Spezialität: Alles nachplappern, was sie gerade hören.

1. Übertragen Sie die Vorlagen des Motivs auf Transparentpapier.

2. Das Vogel-Gesicht wird auf gelben, die Nase auf roten und die Augenringe auf grünen Tonkarton übertragen und ausgeschnitten.

3. Kleben Sie die grünen Augenringe auf das Gesicht.

4. Schneiden Sie den Schnabel an der eingezeichneten Linie ein und kleben beide Schnittkanten etwa einen Zentimeter überlappend aneinander, so dass sich der Schnabel nach unten wölbt. Die Klebelaschen werden nach innen umgeschlagen und der Schnabel über die Aussparung für die Nase geklebt.

5. Bündeln Sie die Federn und bringen sie mit Klebstoff von hinten an der Stirn an. Für besseren Halt können Sie die Federn zusätzlich mit Klebeband fixieren. Schneiden Sie aus gelbem Tonkarton zwei Streifen (je 2 x 12 cm) und lochen diese jeweils an einer Seite. Kleben Sie die andere Seite jeweils in Augenhöhe von hinten gegen das Gesicht.

6. Ziehen Sie das Gummiband durch die Löcher. Stimmen Sie dessen Länge auf die Kopfgröße ab und verknoten es.

Tipp:

Paradiesvögel dürfen sich kunterbunt schmücken. Für fantasievolle Verzierungen kann man daher auch bunte Perlen, Borten oder Glitter verwenden.

Material

- Tonkarton in Gelb, Grün und Rot
- Bunte Federn (z.B. Rot, Gelb, Grün und Blau)
- Transparentpapier
- Bleistift
- Gummiband
- Locher
- Klebstoff; Klebeband
- Schere oder Cutter

Vorlage 23, 24, Seite 171, 172

Schräges Huhn

Ebenso wie Papageien gehören Hühner zur Gattung der lustigen Vögel. Denn Hühner haben, wenn sie nicht gerade Eier legen, ständig Flausen im Kopf.

1. Übertragen Sie die Motivvorlagen zuerst auf Transparentpapier.

2. Das Huhn-Gesicht wird auf weißen, den Kamm und die Nase auf rote und die Augenringe auf gelben Tonkarton übertragen und ausgeschnitten.

3. Kleben Sie die gelben Augenringe auf das Gesicht und fixieren den roten Kamm mit Klebstoff. Falzen Sie den Schnabel entlang der Mittellinie und knicken ihn. Die Klebelaschen nach innen umschlagen, den Schnabel über die Aussparung für die Nase kleben.

4. Aus rotem Tonkarton zwei Streifen (je 2 x 12 cm) schneiden und diese jeweils an einer Seite lochen. Die andere Seite jeweils in Augenhöhe von hinten gegen das Gesicht kleben. Das Gummiband durch die Löcher ziehen.

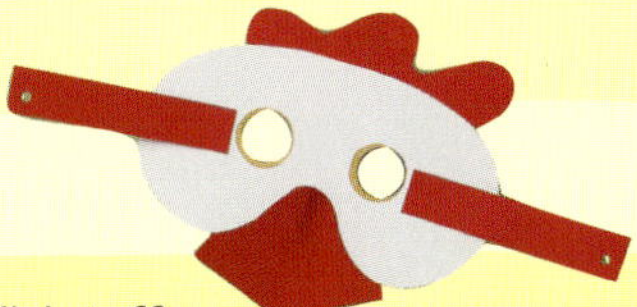

Material

- Tonkarton in Weiß, Gelb und Rot
- Transparentpapier
- Bleistift
- Gummiband
- Locher; Klebstoff
- Schere oder Cutter

Vorlage 22, 25, Seite 171, 172

Tierisch gute Masken

Fantasie und ein bisschen Farbe genügen, um aus einfachem Fotokarton diese schönen Tiermasken zu fertigen. Vielleicht gleich einen ganzen Schwung beim nächsten Kinderfest?

Fuchsmaske

1. Schneiden Sie Maske und Nase aus hellgrünem, die Innenteile der Ohren aus dunkelgrünem Fotokarton. Kleben Sie die Innenteile auf.

2. Falzen Sie die Nase entlang der gestrichelten Linie und lochen sie an den Markierungen. Ziehen Sie zwei Stücke Kordel (je 16 cm) gekreuzt durch die Löcher und fixieren diese auf der Innenseite mit Alleskleber. Kleben Sie den Pompon auf die Nasenspitze und die Nase auf die Maske.

3. Stanzen Sie seitlich zwei Löcher und ziehen das Gummiband ein.

Vogelmaske

1. Übertragen Sie Maske und Schnabel auf gelben Fotokarton und schneiden die Teile aus. Arbeiten Sie die Löcher für die Augen besonders sorgfältig heraus. Das gelingt am besten mit einer Nagelschere.

2. Falzen Sie den Schnabel entlang der gestrichelten Linien. Die Nasenlöcher werden mit schwarzem Filzstift aufgemalt. Schneiden Sie den Schnabel ein und fü-

Material

- Dünnes Gummiband
- Schere; evtl. Nagelschere
- Lochzange
- Alleskleber
- Bleistift
- Klebefilm

Fuchsmaske
- Fotokarton in Hellgrün und Dunkelgrün
- Iüstrierte Kordel in Schwarz
- Zweifarbiger Pompon in Grünweiß

Vogelmaske
- Marabu-Buntlack in Gelbocker und Scharlachrot
- Fotokarton in Gelb
- Filzstift in Schwarz
- Zeitungspapier

Vorlagen 26 - 29, Seiten 173 - 175

gen ihn so wieder zusammen, dass die Schnabelspitze nach unten abknickt. Kleben Sie den Schnabel mit Alleskleber an die Maske und lassen den Kleber gut trocknen.

3. Breiten Sie die Zeitung aus, besprühen Sie den Schnabel in Gelbocker, die Schnabelspitze und die Federspitzen in Scharlachrot. Die Federspitzen werden nach dem Trocknen etwas nach vorn gebogen.

4. Stanzen Sie seitlich zwei Löcher und ziehen den Gummi ein.

Langnasen-Elefanten

Wo dieser Elefant auftaucht, ist gute Laune angesagt. Schließlich sind Elefanten nicht gerade alltägliche Partygäste. Eine Maske, die sich schnell und einfach nachbasteln lässt.

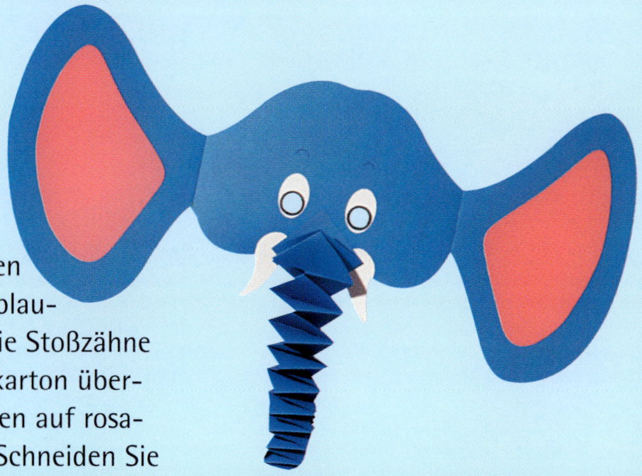

1. Übertragen Sie die Vorlagen der Elefantenmaske auf Transparentpapier.

2. Das Elefanten-Gesicht und die Ohren werden auf den hellblauen, die Augen und die Stoßzähne auf den weißen Tonkarton übertragen, die Innenohren auf rosafarbenes Tonpapier. Schneiden Sie anschließend alle Teile aus.

3. Kleben Sie die weißen Augen auf das Gesicht und malen den Innenrand mit schwarzem Filzstift nach. Zeichnen Sie die beiden Augenbrauen mit Filzstift ein. Kleben Sie dann die beiden Stoßzähne auf das Gesicht. Die rosafarbenen Innenohren werden auf die Ohren geklebt.

4. Falzen Sie die Klebelaschen am Gesicht und den beiden Ohren und knicken diese nach hinten um. Fixieren Sie die Ohren am Gesicht.

5. Knipsen Sie mit dem Locher oder der Lochzange (kleinste Lochgröße) jeweils in die Klebelasche mittig und relativ nahe am Falz ein Loch ein.

6. Schneiden Sie aus dem hellblauen Tonpapier zwei konisch zulaufende Streifen von 100 cm Länge zu, die am einen Ende 6 cm, am anderen Ende 3,5 cm breit sind.

7. Fertigen Sie aus den beiden Streifen eine Hexenleiter (siehe Abbildung) und kleben die Enden fest. Die Hexenleiter wird mit dem breiteren Ende auf das Elefanten-Gesicht geklebt.

8. Ziehen Sie das Gummiband oder den Faden durch die Löcher. Stimmen Sie die Länge dabei auf die Kopfgröße ab und verknoten das Band.

Material

- Tonkarton in Hellblau und Weiß
- Tonpapier in Rosa und Hellblau
- Transparentpapier

Vorlagen 30, 31, Seite 176, 177

- Bleistift
- Klebstoff
- Schere oder Cutter
- Filzstift in Schwarz
- Gummiband oder Faden
- Locher oder Lochzange

Wie Katz und Maus?

Friedlich vereint präsentieren sich hier Katz und Maus auf einem Foto. In Wirklichkeit machen sie natürlich Jagd aufeinander - vielleicht bei einem lustigen Spiel auf dem nächsten Geburtstagsfest?

1. Übertragen Sie die Masken von der Vorlage auf hellgrauen (Katze) bzw. dunkelgrauen Fotokarton (Maus) und schneiden sie aus. Schneiden Sie die Augen mit einer feinen Schere heraus.

2. Die aus rosafarbenem Tonpapier gefertigten Innenteile der Ohren werden mit dem Klebestift aufgeklebt. Drücken Sie die Teile sorgfältig an.

3. Reißen Sie für die Katzenmaske spitz zulaufende Streifen aus grauem Tonpapier und kleben diese als Fellzeichnung ebenfalls auf.

4. Lochen Sie die Löcher für die Schnurrbarthaare entsprechend der Vorlage. Schneiden Sie sechs Stücke Kordel von je zehn Zentimetern zu. Ziehen Sie die Kordeln ein und fixieren diese auf der Rückseite mit Klebefilm (siehe Detailfoto).

5. Lochen Sie die seitlichen Löcher für das Gummiband, knoten das Band ein und sichern auch hier die Enden auf der Innenseite mit Klebefilm.

6. Knicken Sie die Ohren entlang der gestrichelten Linie und biegen sie leicht nach vorn.

Material

- Bleistift
- Schere
- Klebefilm
- Klebestift

Vorlagen 32, 33, Seiten 178,179

- Dünnes Gummiband in Grau
- Lochzange
- Tonpapier in Rosa
- lüstrierte Kordel in Schwarz

Katze:
- Fotokarton in Hellgrau
- Tonpapier in Dunkelgrau

Maus:
- Fotokarton in Dunkelgrau

Sonnige Zeiten

Margeriten haben von Natur aus ein sonniges Gemüt. Wer gerne viel Freude verbreitet, kann sich diese Maske basteln. An die Wand gehängt sieht die Margarite übrigens auch sehr hübsch aus.

1. Übertragen Sie alle Teile des Motivs von der Vorlage auf Transparentpapier.

2. Schneiden Sie die Blütenblätter aus weißem, den Blütenkorb aus gelbem Tonkarton mit Hilfe der auf Transparentpapier übertragenen Vorlagen aus.

3. Malen Sie anschließend mit dem schwarzen Filzstift den Mund und die Augen auf.

4. Schneiden Sie nun mit dem Cutter den Innenteil eines Auges und die Pupille vorsichtig heraus. Setzen Sie dann mit dem Lackstift Glanzlichter in die Augen.

5. Befestigen Sie den Hutgummi auf der Rückseite der Margerite. Schneiden Sie dazu je einen kleinen Schlitz rechts und links in den Blütenkranz hinein. Ziehen Sie das Gummiband durch die Schlitze und kleben es vorn fest.

6. Kleben Sie anschließend das Gesichtsteil mittig auf die Blütenblätter, so dass die Enden des Gummibands verdeckt sind. Lassen Sie den Klebstoff vor dem Ausprobieren der Maske gut trocknen.

Tipp:

Um den Rand des Blütenkorbs ansprechend zu gestalten, können Sie anstelle einer normalen Bastel- oder Haushaltsschere auch eine spezielle Zackenschere verwenden. Durch das Schneiden mit einer Zackenschere entstehen je nach Scherenmodell gleichmäßig gezackte oder gewellte Ränder, die sehr dekorativ aussehen. Solche Scheren lassen sich natürlich noch für tausend andere Bastelanlässe verwenden.

Material

- Transparentpapier
- Bleistift
- Lackstift in Weiß
- Hutgummi oder Gummiband
- Klebstoff
- Schere oder Cutter
- Tonkarton in Gelb und Weiß
- Filzstift in Schwarz

Vorlage 34, Seite 180

Lustiger Schmetterling

Bunte Flügel mit lustigen Punkten: Schmetterlinge sind schon von weitem zu erkennen und erfreuen uns durch ihre zarte Eleganz.

1. Malen Sie zuerst mit dem schwarzen Schminkstift den Schmetterlingskörper und die Fühler auf.

2. Mit Rot zeichnen Sie anschließend die Kontur der Flügel ein. Gestalten Sie hierbei die Linienführung auf beiden Gesichtshälften möglichst gleich. Bei Fehlstrichen lässt sich nasse Schminke leicht mit etwas Wasser wieder entfernen.

3. Malen Sie dann die Flügel mit roter Wasserschminke aus. Tragen Sie auf die getrocknete rote Farbe mit dem Pinsel schwarze Punkte auf und setzen einen Lidstrich ober- und unterhalb des Auges.

Tipp:
Wasserschminke ist wischfest, sobald sie getrocknet ist. Eine zweite Farbe kann dann, ohne an den Rändern zu verlaufen, aufgetragen werden.

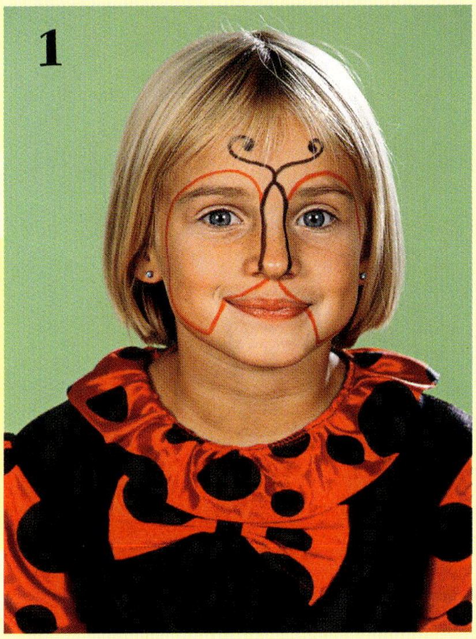

Material

- Wasserlösliche Schminke in Rot und Schwarz
- Schminkstift in Rot und Schwarz
- Schminkschwämmchen
- Rundpinsel
- Flachpinsel

Flieg, Marienkäfer, flieg!

Auf dieses süße Glückskäferchen fliegt garantiert jedes Kind. Wer wissen möchte, wie alt das kleine Krabbeltierchen ist, muss einfach nur die Punkte zählen.

1. Zeichnen Sie die Grundform für den Hut nach der Vorlage auf einen schwarzen Tonkartonstreifen (70 x 18 cm) auf und schneiden die Form aus. Knipsen Sie in jede zweite Lasche mit dem Locher oder der Lochzange ein Loch.

2. Halten Sie den Tonkartonstreifen um den Kopf Ihres Kindes und messen dabei die passende Größe ab. Kleben Sie die Form entsprechend zusammen oder heften sie mit einem Hefter zusammen. Die überschüssigen Laschen werden einfach abgeschnitten.

3. Schneiden Sie die in der Hutform eingezeichneten Laschen ein. Stecken Sie eine Musterbeutelklammer von oben durch das Loch einer Lasche. Die nachfolgende Lasche ohne Loch wird nach innen gelegt, die nächste Lasche mit Loch wieder auf die Musterklammer gesteckt. Fortlaufend so mit allen Laschen verfahren. Biegen Sie am Ende die Klammer innen um, um die Hutgrundform fertig zu stellen.

4. Übertragen Sie den Käferkopf auf schwarzen Tonkarton und schneiden ihn aus. Knicken Sie die angeschnittenen Klebelaschen nach oben um.

5. Halbieren Sie die Wattekugel mit dem Cutter und malen mit dem schwarzen Filzstift die Pupillen auf. Dabei die weißen Glanzlichter frei lassen. Kleben Sie die Augen auf das Gesicht und fixieren dann den Käferkopf mit den Klebelaschen innen am Hutrand.

6. Übertragen Sie die Flügel auf roten Tonkarton und schneiden sie aus. Die Flügel werden so zusammengeklebt, dass die Außenkanten deckungsgleich sind und der Flügel eine leichte Wölbung erhält. Schneiden Sie aus schwarzem Tonpapier Kreise aus (Durchmesser 35 mm) und kleben diese auf die Flügel. Danach werden die Flügel vorne am Hutrand festgeklebt.

7. Für die Fühler und die Beinchen werden mit der Nadel kleine Löcher durch den Rand des Käferkopfes und den Hutrand gestochen. Schneiden Sie aus Bastelplüsch zwei Stücke (je 12 cm) zu. Sie werden durch die Löcher gezogen und verdrillt.

8. Für die Beinchen benötigen Sie sechs Stücke (je 18 cm) aus Bastelplüsch. Die Beine werden ebenfalls durch die Löcher gezogen, verdrillt und entsprechend geformt.

Material

- Tonkarton in Schwarz und Rot
- Transparentpapier; Bleistift
- Krepppapier in Schwarz
- Filzstift in Schwarz
- Bastelplüsch oder Pfeifenreiniger in Schwarz
- Wattekugel, Ø 20 mm
- Locher oder Lochzange
- dicke Nadel
- Musterbeutelklammer
- Klebstoff
- Schere oder Cutter

Vorlagen 4, 35, 36, Seiten 160, 180, 181

Miss Piggy trifft Eule Eulalia

Das kleine Schwein mit den rosaroten Ohren hat immer eine Menge zu erzählen. Da ist Fräulein Eulalia, die Pappteller-Eule, ganz Ohr und lauscht mit Interesse. Zwei schnelle Basteleien für Eilige und eine schöne Idee für den nächsten Kindergeburtstag.

Schweinchen

(Für ein etwa 5jähriges Kind, Kopfumfang ca. 51 cm, Kopfhöhe ca. 16 cm)

1. Runden Sie die Tüte an den beiden breiten Seiten ab und schneiden von den schmalen Seiten ein Stück weg, so dass die Tüte beim Tragen auf den Schultern aufliegt.

2. Markieren Sie die Augenlöcher nach Vorlage auf einer Tütenseite und schneiden sie aus. Dann werden aus weißem Fotokarton Augenkreise ausgeschnitten und aufgeklebt.

3. Legen Sie den Joghurtbecher auf das Holzbrett, setzen das Stanzeisen auf und stanzen mit Hilfe des Gummihammers zwei Löcher in den Becherboden. Stellen Sie den Joghurtbecher auf die Zeitung und besprühen ihn mit Rosa. Der Becher wird nach dem Trocknen als Nase auf die Maske geklebt. Sobald der Klebstoff getrocknet ist, vorsichtig das Packpapier innerhalb der Becheröffnung wegschneiden.

4. Schneiden Sie die Ohren aus Tonpapier aus und kleben sie an der Nahtstelle zusammen. Bringen Sie die Ohren an den vorderen Tütenecken an.

Tipp:

Die Tütenmaske sieht auch toll als Raumdeko aus. Dazu die Tüte einfach auf einen mit etwas Sand gefüllten, aufgeblasenen Luftballon setzen.

Eule

1. Bemalen Sie den Pappteller auf der Unterseite in Gelb und versiegeln ihn nach dem Trocknen mit Mattlack.

2. Die Vorlagen für Ohren, Schnabel, Flügel und Füße auf Moosgummi in den entsprechenden Farben übertragen und ausschneiden.

3. Schneiden Sie für die Augen zwei Moosgummi-Scheiben in Orange (Ø 5 cm) und zwei Moosgummi-Scheiben in Rosa (Ø 4 cm) aus. In die Kreise und den Pappteller Augenlöcher (Ø 1 cm) schneiden.

4. Kleben Sie die Moosgummiteile entsprechend der Abbildung auf den Pappteller (die Flügel nur im oberen Bereich fixieren). Ziehen Sie rechts und links einen Gummifaden durch ein kleines Loch im Tellerrand und verknoten es.

Material

Schweinchen
- Marabu-Buntlack in Rosa
- Packpapiertüte mit Bodenplatte
- Fotokarton in Weiß
- Tonpapier in Rosa
- flacher, breiter Joghurtbecher

Vorlagen 37 - 42, Seiten 182 - 184

- Schere
- Stanzeisen (7 mm)
- Gummihammer und Holzbrett
- Zeitung
- Bleistift
- Klebstoff

Eule
- Marabu Acrylfarbe in Gelb
- Marabu-aqua-Mattlack
- Pappteller (Ø 23 cm)
- Moosgummi in Grün, Lila, Rot, Orange, Rosa
- Bleistift
- Schere
- Klebepistole
- Gummifaden

Mein Name ist Hase

Kein Zweifel: Der Überraschungseffekt sind die großen weißen Zähne, aber auch sonst ist das Häschen ein echter „Renner".

1. Katharina ungeschminkt, bevor sie riesige Augen und Zähne bekommt und sich in einen wunderschönen Hasen verwandelt. Erstaunlich, welche Effekte sich allein durch die Verwendung der Farben Grau und Weiß erzielen lassen.

2. Zeichnen Sie die Konturen für Augenbrauen, Nase und Schnäuzchen vor. Hierbei sollten Sie darauf achten, möglichst symmetrisch zu arbeiten.

3. Tragen Sie anschließend die weißen Partien mit dem Schwämmchen auf. Die Oberlippe, das Kinn und den Augenbereich weich nach außen verlaufend einfärben.

4. Die Augenbrauen, die Nase und das Schnäuzchen werden mit grauer Schminke ausgefüllt. Hierzu verwenden Sie am besten einen Rundpinsel mittlerer Stärke. Setzen Sie mit grauem Schminkstift Punkte auf die Oberlippe und zeichnen dann die Barthaare ein. Tragen Sie auf den Mund und die Wangen etwas rosafarbene Schminke auf. Für die Zähne mit viel weißer Schminke auf einem Flachpinsel zwei breite Striche auf die Unterlippe malen.

Material

- Wasserlösliche Schminke in Weiß, Grau und Rosa
- Schminkstift in Grau
- Schminkschwämmchen
- Flachpinsel
- Rundpinsel

Würdevolle Bienenkönigin

Mit einem strahlenden Lächeln trägt die Bienenkönigin ihren Hut mit silberner Krone. Natürlich sind die Bienen, die sie umschwirren, für sie ganz ungefährlich. Der aufwändig gearbeitete Hut ist etwas ganz Besonderes!

1. Übertragen Sie für die Kopfbedeckung das Mittelteil auf gelben Karton, die beiden Seitenteile und zwei Lochverstärkungsringe auf orangefarbenen Karton und schneiden die Teile aus. Alle Markierungslinien ebenfalls übertragen. Stanzen Sie in die Seitenteile die Löcher für das Satinband, ritzen Sie die Klebelaschen an und knicken diese. Die Lochverstärkungen werden an den Innenseiten angebracht.

2. Stechen Sie auf dem gelben Mittelteil die Löcher für die Fühler (Vorlage - Kreuze) und Bienen (Vorlage - Kreise) ein. Schneiden Sie die Einsteckschlitze für die Krone mit Cutter und Lineal ein.

3. Kleben Sie die Seitenteile mit den Klebelaschen am gelben Mittelteil an.

4. Die Krone von der Vorlage auf Holografiekarton übertragen und ausschneiden. Knicken Sie die unteren Laschen nach innen und kleben diese an der Seitenlasche (nicht knicken!) zusammen. Stecken Sie die unteren Laschen in die Einsteckschlitze der Haube stecken und kleben sie fest.

5. Sie brauchen für die Fühler etwa 85 cm Aludraht. Ein Drahtende (siehe Foto) biegen, das andere Ende durch ein Fühlerloch in die Haube stecken und durch das andere Loch wieder herausführen. Dabei in der Haube eine Drahtschlaufe lassen, die etwa 7 cm nach hinten gebogen ist. Verkleben Sie diese Schlaufe mit der Befestigungslasche (Vorlage - Oval) wie auf dem kleinen Foto gezeigt wird. Biegen Sie dann das zweite Drahtende zu einem Fühler. Kleben Sie auf jedes Drahtende eine goldene Holzperle.

6. Schneiden Sie die Bienenkörper und die Befestigungspunkte je dreimal aus gelbem Tonkarton, die Flügel dreimal aus Transparentpapier. Die Streifen, Augen und Münder der Bienen werden mit schwarzem Filzstift aufgemalt, Nase und Bäckchen mit dem orangefarbenen Buntstift.

7. Vom silbernen Schmuckdraht dreimal je ca. 11 cm abschneiden, etwa 1 cm weit durch einen Flügel stecken und zwischen beiden Bienenseiten kleben. Das andere Drahtende in die Haube stecken. Eine kleine Schlaufe mit der Rundzange biegen und mit einem Befestigungspunkt (großer Kreis auf Vorlage) festkleben.

8. Zum Schluss das Satinband einfädeln und mit einem Knoten auf der Innenseite fixieren.

Material

- Tonkarton in Gelb und Orange
- Holografie-Karton „Sterne" in Silber
- Transparentpapier, 90 g/m^2
- Schmuckdraht, silber, Ø 0,5 mm
- Aludraht, Ø 2 mm
- 2 goldene Holzperlen, Ø 8mm
- Satinband in Orange, 1 cm breit, 80 cm
- feiner Filzstift in Schwarz
- Buntstift in Orange
- Pauspapier
- Bleistift
- Cutter
- Schere und Lineal
- Seitenschneider
- Rundzange, Lochzange
- Alleskleber

Vorlagen 43 - 50, Seiten 184 - 187

Munterer Rabe

Kommt ein Rabe geflogen, setzt sich nieder auf meinen Kopf, hat ein Blümlein im Schnabel und einen wirklich süßen Schopf. Eine lustige Kappe, die garantiert Aufmerksamkeit hervorruft!

1. Übertragen Sie alle Teile des Motivs von der Vorlage auf Transparentpapier.

2. Die Schirmmütze und der Rabenkopf werden aus schwarzem Tonkarton, der Schnabel und der Blütenkelch je zweimal aus gelbem Tonkarton, die Augen und der Blütenkranz zweimal aus weißem Tonkarton ausgeschnitten.

3. Kleben Sie je einen gelben Blütenkelch auf einen weißen Blütenkranz.

4. Halbieren Sie den Pfeifenreiniger. Die eine Hälfte wird als Stiel hinter einer Blüte angebracht. Kleben Sie die zweite Blüte von hinten dagegen. Formen Sie aus der anderen Hälfte des Pfeifenreinigers zwei Blätter und winden diese um den Stiel.

5. Malen Sie auf die weißen Augen mit Filzstift die Pupillen auf. Lassen Sie dabei die sternförmigen Glanzlichter frei.

6. Knicken Sie beim Rabenkopf die Klebelasche nach hinten um. Kleben Sie nun die Augen auf den Rabenkopf.

7. Knicken Sie die beiden Schnäbel an den eingezeichneten Linien und falzen die Klebelasche bei einem Schnabel nach unten, beim anderen nach oben um. Bringen Sie dann die Schnäbel mit den Klebelaschen zueinander auf dem Kopf an.

8. Kleben Sie den Rabenkopf anschließend auf die Schirmmütze.

9. Stecken Sie den Blumenstängel in den Schnabel stecken und kleben ihn dort fest.

10. Stanzen Sie in den Schirm zwei Löcher, ziehen das Gummiband hindurch und verknoten die Enden. Stimmen Sie die Länge des Bandes auf die Kopfgröße ab.

Material

- Tonkarton in Schwarz, Gelb und Weiß
- Transparentpapier
- Bleistift
- Filzstift in Schwarz
- Pfeifenreiniger in Grün
- Gummiband in Schwarz
- Locher
- Klebstoff
- Schere oder Cutter

Vorlagen 51 - 56, Seiten 187 - 189

Bezaubernde Minnimaus

Die Maske der Zaubermaus lebt durch den Wechsel von scharfen und weichen Konturen sowie dem Kontrast von Schwarz und Weiß.

1. Coco, bevor sie in eine süße kleine Zaubermaus verwandelt wird. Wichtig: Setzen Sie der Maus die Kappe auf, bevor Sie mit dem Schminken beginnen, und markieren Sie mit dünnen Strichen die Ränder. Danach die Kappe wieder absetzen.

2. Zeichnen Sie mit schwarzem Schminkstift die Konturen für Augen, Nase und Oberlippe ein. Versuchen Sie dabei, möglichst auf beiden Gesichtshälften symmetrisch zu arbeiten.

1

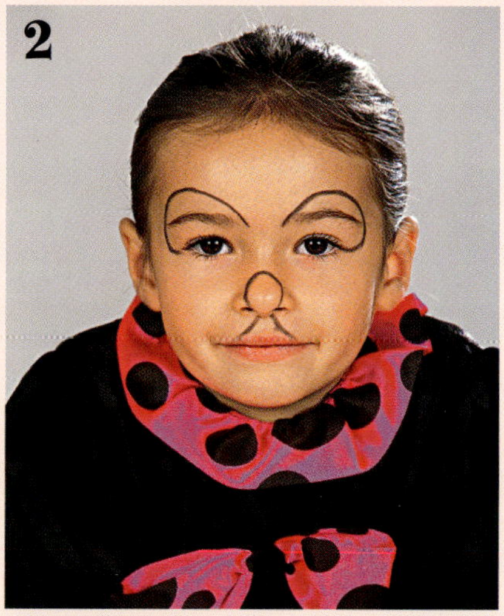

2

3

4

3. Füllen Sie dann die Nase sowie den Oberlippenbereich schwarz aus. Malen Sie den Rand um die Augenbögen mit einem mittelgroßen Pinsel in Schwarz aus und lassen die Farbe nach unten hin weich auslaufen. Auf die Augenlider etwas Weiß mit einem Schwämmchen tupfen und nach oben hin verlaufen lassen.

4. Färben Sie Oberlippe und Kinn weiß ein. Mit dem schwarzen Schminkstift werden Punkte für die Barthaare gesetzt und anschließend die Barthaare eingezeichnet. Malen Sie anschließend die Lippen rosa aus.

5. Malen Sie für die Zähne mit weißer Schminke zwei breite Striche auf die Unterlippe.

Tipp:
Die Mäusekappe sitzt besser, wenn sie entlang der Ränder mit Mastix (hautfreundliches Klebemittel, erhältlich im Theaterfachhandel) angeklebt wird.

Material

- Wasserlösliche Schminke
- Schminkstift in Schwarz
- Schminkschwämmchen
- Rundpinsel
- Flachpinsel

Kleine Mickymaus

Verblüffend, wie Farben ein Gesicht verändern können, nicht wahr? Als Mickymaus erkennen dich selbst deine besten Freunde nicht wieder.

1. David, bevor er sich in eine Mickymaus verwandelt und beim besten Willen nicht mehr zu erkennen ist. Für diese lustige Maus benötigen Sie die typisch runden, schwarzen Ohren sowie eine große rote Schleife.

1

2

3

4

2. Zeichnen Sie zuerst mit einem grauen Schminkstift die Konturen der Schminkmaske vor. Achten Sie darauf, dass Sie auf beiden Gesichtshälften möglichst symmetrische Linien ziehen.

3. Mit weißer Wasserfarbe auf breitem Flachpinsel malen Sie dann die große innere Gesichtsfläche aus. Versuchen Sie, das Weiß möglichst gleichmäßig aufzutragen.

4. Malen Sie mit einem mittelbreiten Flachpinsel Augen, Nase und Mund schwarz aus und ziehen mit einem schwarzen Schminkstift die Umrandungslinien nach.

5. Füllen Sie die Augenbögen mit weißer und die Zunge mit roter Wasserschminke aus. Malen Sie die oberen Ränder der Schminkmaske bis zum Haaransatz schwarz aus und sprühen Sie dann die Haare schwarz an. Halten Sie dazu die Papierserviette vor das Maus-Gesicht. Anschließend werden noch die Ohren aufgesetzt.

Material

- Wasserlösliche Schminke in Schwarz, Weiß und Rot
- Schminkstift in Grau und Schwarz
- breiter, mittelbreiter und schmaler Flachpinsel
- Papierserviette
- Haarspray in Schwarz
- schwarze, runde Mickymaus-Ohren
- Große Schleife in Rot

Die Clowns sind da!

Sie sind die lustige Attraktion in jedem Zirkus – die Spaßmacher, Pierrots und Clowns. Welches Kind wollte nach dem Besuch im Zirkus nicht schon mal die Maske seines Lieblingsclowns überstreifen? In diesem Kapitel gibt es alle klassischen Clownsmasken zum Basteln und Schminken.

Immer gut gelaunt

Ein riesengroßer Mund, erstaunte Augen und Strubbelhaare sind die Erkennungszeichen eines lustigen Clowns. Wenn dann noch eine rote Kugelnase hinzukommt, ist der Spaßvogel perfekt.

1. Zeichnen Sie zuerst mit dem blauen Schminkstift die obere Augenlinie vor. Anschließend werden mit Rot die Mundkonturen vorgemalt. Das geht übrigens leichter, wenn Sie sich hierzu im Gesicht Fixpunkte suchen und anzeichnen, von denen aus Sie die Zeichnung entwickeln. Für die äußeren Mundwinkel des Clowns sind dies beispielsweise zwei Punkte, die ca. vier Zentimeter waagerecht rechts und links von den Nasenflügeln entfernt liegen.

1

2

3

4

2. Malen Sie den oberen Augenbogen mit Blau aus und färben dann den Mund rot ein. Nehmen Sie hierzu viel Farbe auf den Pinsel und zeichnen die Flächen sorgfältig aus.

3. Geben Sie mit einem kleinen Flachpinsel Weiß auf die Lider und malen den unteren Augenbereich ebenfalls kreisförmig aus. Lassen Sie dazu das Kind an die Decke blicken, dann können Sie leichter den sensiblen unteren Lidbereich mit dem Pinsel berühren.

4. Anschließend malen Sie mit Rot die Nase und die kugelrunden Bäckchen auf. Eine rote Lockenperücke vervollständigt die Maske. Sie wird von vorn nach hinten auf den Kopf gezogen und zurechtgerückt.

Material

- Wasserlösliche Schminke in Weiß, Rot und Blau
- Schminkstift in Rot und Blau
- Rundpinsel
- Flachpinsel
- rote Lockenperücke

Punkt für Punkt ein Hit

Mit diesem Hut sammelt man Pluspunkte! Die ungewöhnliche Krempe fällt auf, ist aber schnell und einfach gefertigt. Mit farblich auf die Punkte abgestimmter Kleidung wird ein komplettes Kostüm daraus.

1. Übertragen Sie die Vorlagen für die gepunkteten Teile auf Karton und schneiden diese aus. Die Vorlage entspricht einem Kopfumfang von 54 bis 56 cm. Wird ein anderes Maß benötigt, muss der Schnitt entsprechend angepasst werden.

2. Falzen Sie die Zacken des Mittelteils entlang der gestrichelten Linie. Kleben Sie anschließend die hintere Mitte zusammen. Streichen Sie die Klebelaschen mit Klebstoff ein und drücken das runde Teil auf.

3. Schneiden Sie für die Krempe nach Vorlage einen Tonkarton-Streifen zurecht. Von einer Seite her werden die Streifen eingeschnitten. Die geschlossene Seite wird entlang der gestrichelten Linie nach oben und jeder Einzelstreifen entlang der gestrichelten Linie nach unten gefalzt. Befestigen Sie dann die Krempe an der Innenseite des Hutes mit Klebstoff.

4. Schneiden Sie aus der Hologrammfolie Punkte mit einem ungefähren Durchmesser von jeweils 45 Millimetern aus und verbinden Sie die Kartonstreifen von oben damit. Kleben Sie von unten einen Folienpunkt in der gleichen Farbe dagegen.

5. Befestigen Sie zum Abschluss am oberen Hutrand die Federboa mit Kleber.

Material

- Pünktchenkarton in Gelb
- selbstklebende Hologrammfolie in Rot, Orange, Gelb, Blau und Grün
- Tonkarton in Violett
- Federboa in Rot, 60 cm
- Maßband oder Lineal
- Bleistift
- Schere
- Klebstoff

Vorlagen 57 - 60, Seite 190/191

Goldenes Venedig

An edle venezianische Masken erinnert diese Verwandlung. Der metallische Goldton im Gesicht lässt Ihr Kind wie eine Puppe aussehen. Dieser Effekt kann durch „hölzerne" Bewegungen noch unterstützt werden.

1. Tragen Sie als Grundierung goldfarbene Wasserschminke mit einem Schwämmchen gleichmäßig auf Gesicht und Hals des Kindes auf. Tauchen Sie hierzu das Schwämmchen jeweils kurz in Wasser, drücken es aus, nehmen Sie Schminke auf und tupfen Sie dann die Farbe sorgfältig auf die Haut. Alles zum Schluss leicht antrocknen lassen. Übrigens: Auch die Ohren mit einfärben.

2. Zeichnen Sie nun mit schwarzem Schminkstift die Konturen um Augen, Mund und Wangen ein. Orientieren Sie sich an dem Bild, Sie können aber auch eigene Formen wählen. Auch in diesem Fall helfen wieder Markierungspunkte, die Sie vorher mit dem Schminkstift setzen. Die Maske ist bewusst asymmetrisch angelegt.

3. Füllen Sie anschließend die Formen mit schwarzer Wasserschminke. Rühren Sie hierzu das Schwarz mit nur wenig Wasser an und bringen es dann mit dem Flachpinsel auf. Nur so wirkt die Farbe Tiefschwarz und nicht grau. Alles trocknen lassen, den Pinsel gut säubern und mit viel weißer Wasserschminke einen Lichtpunkt in den schwarzen Tropfen auf der Wange setzen.

1

2

3

Material

- Wasserlösliche Schminke in Gold, Weiß und Schwarz
- Schminkstift in Schwarz
- Rundpinsel
- Flachpinsel
- Schminkschwämmchen

Geheimnisvoller Pierrot

Typisch für den Pierrot ist sein in eine fröhliche und in eine traurige Hälfte geteiltes Gesicht. Das verleiht dieser klassischen Clownsfigur ihr geheimnisvolles und bisweilen melancholisch wirkendes Aussehen.

1. Grundieren Sie zunächst mit weißer Wasserschminke, die Sie mit einem Schwämmchen auftragen, das Gesicht des Pierrots. Achten Sie dabei darauf, dass die weiße Farbe gleichmäßig verteilt wird. Achten Sie darauf, dass die Augenbrauen gut von der weißen Schminke abgedeckt werden.

2. Sparen Sie den Mund beim Schminken aus – er wird später mit Schwarz geschminkt. Wichtig: Nicht in den Haaransatz und den Hals hineinschminken. Die Ränder der Maske sollen sichtbar sein, wodurch die Maske ihr klassisches Aussehen erhält.

3. Zeichnen Sie mit dem schwarzen Schminkstift die lustige und die traurige Augenbraue ein. Ziehen Sie anschließend die Linien mit kräftigem Schwarz auf dem Pinsel nach.

4. Setzen Sie über die traurige Augenbraue mit dem schwarzen Schminkstift einen kleinen Punkt.

5. Zeichnen Sie eine Träne ein, füllen diese mit Schwarz aus und setzen Sie mit weißer Farbe auf dem Pinsel einen Lichtpunkt in die Träne hinein. Beachten Sie, dass die schwarze Farbe hierzu vollkommen getrocknet sein muss.

6. Umranden Sie anschließend die Augen mit schwarzen Strichen und malen den Mund mit Schwarz aus. Vervollständigt wird der kleine Pierrot mit seiner typischen Kappe mit Pompons und einem Kostüm in Schwarz und Weiß.

Material

- Wasserlösliche Schminke in Weiß und Schwarz
- Schminkstift in Schwarz
- Schminkschwämmchen
- Rundpinsel
- Flachpinsel

Beppo, der Clown

Unser Clown Beppo ist ganz besonders vielseitig. Zum Gute-Laune-Verbreiten kann man die Maske entweder als Dekoration aufhängen, oder man schneidet Augenlöcher hinein und bindet sie mit einem Gummiband um den Kopf.

1. Übertragen Sie zunächst die Vorlagen aller Teile des Motivs zuerst auf Transparentpapier. Schneiden Sie dann mit Hilfe der Transparentpapiervorlagen die Motivteile aus Tonkarton in den entsprechenden Farben aus.

2. Kleben Sie die weißen Augen auf das Gesicht, danach wird die Nase darauf fixiert und schließlich der weißer Clownsmund aufgebracht.

3. Malen Sie mit dem dicken schwarzen Filzstift den Mund und die Pupillen auf. Mit dem feinen Filzstift werden die Augenlinien, die Lachfalten und die Ohrmuscheln eingezeichnet. Zeichnen Sie anschließend mit dem weißen Lackstift ein Glanzlicht auf die Nase.

4. Kleben Sie das Gesicht mittig auf das große orangefarbene Haarteil. Fixieren Sie das kleine Haarbüschel mit Klebstoff von hinten über der Stirn.

5. Befestigen Sie den Hutgummi auf der Rückseite des Gesichts. Schneiden Sie dazu am besten zwei Tonkartonstreifen (ca. 4 x 4 cm) zu und falten diese in der Mitte. Stanzen Sie in je eine Seite der Streifen ein Loch und kleben die Lasche mit der ungelochten Seite auf der Rückseite des Gesichts etwa auf Ohrenhöhe fest. Ziehen Sie zum Schluss den Hutgummi durch die Löcher und verknoten ihn.

Tipp:

Soll die Clownsmaske vor dem Gesicht getragen werden, kann man die Augen mit dem Cutter herausschneiden, so dass man hindurchschauen kann.

Material

- Tonkarton in Orange, Rot, Weiß und Hautfarben
- feiner und dicker schwarzer Filzstift
- Transparentpapier; Bleistift
- Lackstift in Weiß
- Hutgummi oder Gummiband
- Klebstoff
- Schere oder Cutter

Vorlage 61, Seite 192

Knallbunter Harlekin

Wer Spaß am tollen Fastnachtstreiben hat, der schlüpft in die Schminkmaske des bunten Harlekins. Mit einem ebenso bunten Kostüm ist man dann der Renner auf jeder Clownsparty.

1. Zeichnen Sie zuerst mit dem blauen Schminkstift die Larvenform um die Augen ein. Versuchen Sie dabei, möglichst symmetrisch zu arbeiten.

Tipp:
Damit die Larvenform symmetrisch wird, können Sie sich auch mit einer zuvor aus einem gefalteten Stück Papier geschnittenen Larve behelfen. Legen Sie diese Vorlage als Zeichenhilfe auf das Gesicht Ihres Kindes und zeichnen sich mit dem Schminkstift Markierungspunkte auf.

2. Malen Sie anschließend mit farbigen Schminkstiften die Rauten vor. Das geht leichter, wenn Sie hierzu im Gesicht Markierungspunkte setzen, wie die Mitte der Stirn, die Nasenspitze und die Kinnspitze. Von diesen Punkten aus wird die Zeichnung entwickelt.

3. Malen Sie anschließend die Larve in Violett aus. Danach werden die Rauten mit einem kleinen Flachpinsel in verschiedenen Farben eingefärbt. Wichtig: Zeichnen Sie auch die Spitzen der Rauten sorgfältig aus.

1

2

3

Material

- Wasserlösliche Schminke in Gelb, Blau, Rot, Violett und Grün
- blauer, grüner, violetter und orangefarbener Schminkstift
- Rundpinsel
- Flachpinsel

Wer bekommt hier Angst?

Wahrscheinlich niemand, denn mit seinem gelben Wimpernaufschlag und dem kecken Hütchen in Pink wirkt die Kartonmaske doch wirklich freundlich.

1. Streichen Sie den Schuhkarton und die Kegel mit der Acrylfarbe ein. Lassen Sie die Teile danach gut trocknen.

2. Übertragen Sie Augen, Mund und Nase auf Tonpapier und schneiden Sie die Motive aus. Zeichnen Sie Augen-, Mund- und Nasenöffnungen von innen auf. Danach werden die Öffnungen exakt herausgeschnitten.

3. Kleben Sie nun Augen und Mund auf. Falzen Sie die Nase und befestigen sie auf dem Schuhkarton. Malen Sie mit dem schwarzen Filzstift die Pupillen auf.

4. Schneiden Sie für die Wimpern zwei Rechtecke (je 6 x 3 cm) aus gelbem Filz zurecht. In die Rechtecke werden anschließend ca. fünf Millimeter breite Streifen eingeschnitten. Achten Sie dabei darauf, dass ein zusammenhängender Rand stehen bleibt. Dieser Rand wird dann mit Klebstoff bestrichen, um die Wimpern um die Augenöffnung zu kleben.

5. Drehen Sie Chenilledrähte zu Spiralen und stecken diese in die Kegel. Kleben Sie anschließend die Kegel auf.

6. Bohren Sie zum Schluss mit einem spitzen Bleistift je ein Loch in die Kartonseiten und befestigen darin die Gummilitze.

Material

- Schuhkarton, ca. 20 cm breit
- Tonpapier in Hellblau, Pink und Hellgrün
- Marabu Acrylfarbe in Schwarz und Perlmutt-Rosa
- 10 Glimmer-Chenilledrähte in Gold, Blau und Grün
- Filzrest in Gelb
- Gummilitze in Schwarz
- Filzstift in Schwarz
- Bleistift
- Schere
- Pinsel
- Klebstoff

Vorlagen 62 - 65, Seiten 192/193

Schöööön, der Clown!

Helau und Alaaf! Wo dieser lustige Zirkus-Clown auftritt, lässt die gute Stimmung nicht lange auf sich warten. Statt der gelben kann man natürlich auch eine rote Perücke verwenden.

1. Zeichnen Sie mit blauem und schwarzem Schminkstift die Augenlinien und mit rotem Schminkstift die Nasen- und Mundkontur vor. Das geht leichter, wenn Sie sich hierzu im Gesicht Fixpunkte suchen, von denen aus Sie die Zeichnung entwickeln. Achten Sie darauf, dass sie auf beiden Gesichtshälften möglichst symmetrische Linien ziehen. Fehlstriche können Sie leicht mit einem befeuchteten Schwämmchen entfernen.

2. Malen Sie dann mit weißer Wasserfarbe auf breitem Flachpinsel die große innere Gesichtsfläche aus. Versuchen Sie, das Weiß möglichst gleichmäßig aufzutragen. Sollten Sie sich einmal vermalt haben, können Sie die Farbe problemlos mit einem Schwämmchen und lauwarmem Wasser wieder entfernen.

3. Anschließend malen Sie mit einem Flachpinsel die beiden oberen Augenbögen mit Blau aus. In die unteren Bögen setzen Sie Gelb. Lassen Sie die erste Farbe leicht antrocknen, bevor Sie die zweite dagegensetzen. So wird verhindert, dass die Farben eventuell ineinander laufen. Färben Sie dann Nase und Mund rot ein und ziehen Sie mit den Schminkstiften nochmals die Umrandungslinien nach. Zum Schluss wird die gelbe Perücke aufgesetzt. Sie wird von vorn nach hinten auf den Kopf gezogen und anschließend zurechtgezupft.

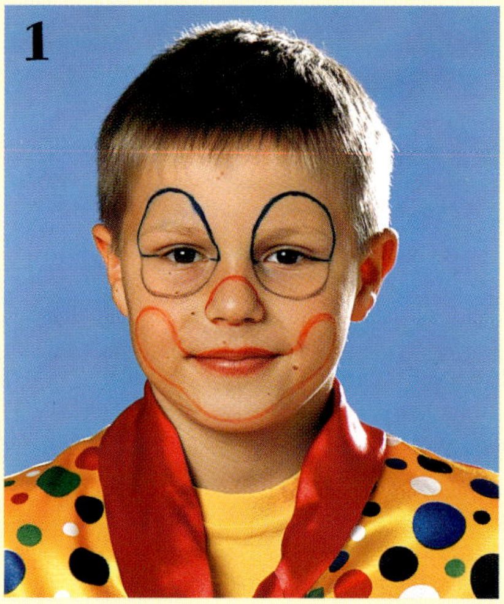

Material

- Wasserlösliche Schminke in Weiß, Rot, Blau und Gelb
- schwarze, blaue und rote Schminkstifte
- Flachpinsel
- Rundpinsel
- Schminkschwämmchen
- Perücke in Gelb

Blaue Augen, rote Mähne

Er darf in der närrischen Zeit auf keinem Fest fehlen: der lustige Clown. Diese tolle Schminkmaske mit der großen roten Perücke eignet sich übrigens gleichermaßen für Jungs wie für Mädchen.

1. Zeichnen Sie zuerst mit farbigen Schminkstiften die Augen- und Mundlinien vor. Um möglichst symmetrisch zu arbeiten, ist es empfehlenswert, sich vorab im Gesicht Fixpunkte zu suchen, von denen aus die Zeichnung entwickelt wird. Die beiden Mundwinkel sind beispielsweise die Begrenzungspunkte für die Rotfläche des inneren Clownmundes.

2. Malen Sie nun die beiden oberen Augenbögen mit Blau aus. Verwenden Sie hierzu einen Flachpinsel und nehmen dabei möglichst viel Farbe auf. Sollten Sie sich einmal vermalen, können Sie die Wasserschminke problemlos mit einem Schwämmchen und lauwarmem Wasser wieder entfernen.

3. Anschließend wird der Mund rot und weiß eingefärbt. Lassen Sie die erste Farbe leicht antrocknen, bevor Sie die zweite dagegensetzen. So verhindern Sie, dass die Farben eventuell ineinander laufen. Tupfen Sie die Bäckchen und die Nase mit einem kleinen Stück des Schminkschwämmchens auf. Arbeiten Sie hierbei von der Mitte nach außen, dann erhalten Sie einen feinen Verlauf.

4. Ziehen Sie die Konturen des Mundes und der Augenbögen mit dem schwarzen Schminkstift nach und zeichnen Sie zwei unregelmäßig geformte Augenbrauen ein. Setzen Sie schwarze Unterlidstriche und zeichnen auf jeder Seite drei Wimpernstrahlen ein. Die rote Perücke wird anschließend von vorn nach hinten auf den Kopf gezogen.

Material

- Wasserlösliche Schminke in Rot, Blau und Weiß
- Schminkstifte in Schwarz, Rot und Blau
- Flachpinsel
- Rundpinsel
- Schminkschwämmchen
- Perücke in Rot

Abenteuer in fernen Ländern

Gebastelte Masken und Schminkmasken aus des ganzen Welt sind das Motto des folgenden Kapitels. Ob Chinesenhut, die klassische Indianer-Verkleidung, Seeräuber oder Roboter – wer Lust auf Ausgefallenes hat, um auf der nächsten Party richtig Eindruck zu machen, findet hier garantiert die passende Anregung.

Schneller Chinesenhut

Eine besondere Kopfbedeckung aus dem Land der Mitte: Der Chinesenhut trägt wundersame Zeichen, die es zu enträtseln gilt. Welches Geheimnis sich wohl dahinter verbirgt? Dieser Hut ist superschnell gebastelt.

1. Übertragen Sie für die Grundform des Hutes einen Kreis mit dem Durchmesser von 33 Zentimetern von der Vorlage auf das Moonrockpapier. Schneiden Sie den Kreis dann aus.

2. Der Kreis wird anschließend einmal bis zur Mitte eingeschnitten und an der Einschnittstelle etwa acht Zentimeter überlappend zusammengeklebt.

3. Übertragen Sie die Schriftzeichen von der Vorlage auf schwarzen Tonkarton, schneiden sie aus und kleben sie gleichmäßig auf dem Hut verteilt fest. Bringen Sie dabei eines der Zeichen zum Kaschieren der Klebelinie des Hutes direkt auf dieser Linie an.

4. Halbieren Sie das Satinband und bringen beide Stücke auf der Unterseite als Bindebänder rechts und links am Hut an.

Material

- Transparentpapier
- Bleistift
- Moonrockpapier in Gelb
- Satinband in Gelb 2 m, 6 mm breit
- Tonkarton in Schwarz
- Klebstoff
- Schere oder Cutter

Vorlagen 66 - 69 , Seiten 193/194

Häuptling „Bunte Feder“

Wer einen solch prächtigen Federschmuck trägt, muss der Häuptling eines großen Stammes sein. Und natürlich gehört dem Häuptling auch das schönste Feder-Amulett.

Kopfschmuck

1. Schneiden Sie einen Lederstreifen (60 cm lang, 8 cm breit) zu. Dieser Lederstreifen wird der Länge nach in der Mitte geknickt. Fixieren Sie den Knick mit einigen Büroklammern und legen den Lederstreifen so, dass die Öffnung nach oben weist. Runden Sie beide Enden mit der Schere ab (siehe Foto).

2. Bestimmen Sie die Mitte und nähen jeweils etwa zehn bis zwölf Zentimeter seitlich der Mitte ein Gummiband an.

3. Schieben Sie nun die Federn in das Lederband und kleben sie dort fest. Dazu als Erstes eine große blaue Feder in der Mitte des Bandes platzieren, dann im Bereich des Stirnbandes im Wechsel der Farben große, mittlere und kleine Federn einkleben. Im seitlichen Bereich rechts bzw. links vom Gummiband werden nur noch mittlere und kleine Federn und zum Schluss an den Rundungen nur noch kleine Federn verwendet.

4. Kaschieren Sie die Federkiele im Bereich des Stirnbandes zusätzlich mit kleinen blauen Flaumfedern. Lassen Sie den Kleber trocknen.

5. Verzieren Sie das Lederband im Stirnbereich bis zu den Gummibändern mit Fun-Liner-Linien und Fun-Liner-Punkten.

6. Kleben Sie für den Stirnschmuck je zwei kleine Federn in eine Holzperle. Schneiden Sie dann schmale Lederstreifen zu und knoten diese an die Federn. Ins Stirnband werden noch zwei Löcher gebohrt und die Lederstreifen seitlich angeknotet.

Amulett

1. Schneiden Sie drei Lederkreise (zwei mit 6,5 cm, einen mit 4,5 cm Durchmesser) aus. Schieben Sie jeweils eine Perle auf die Kiele von sieben Federn und kleben die Kiele zwischen die großen Lederkreise.

2. Kleben Sie den Lederriemen ein. Bekleben Sie zum Schluss den kleinen Kreis mit einer Perle und malen Ornamente mit dem Fun Liner auf. Kleben Sie den kleinen Lederkreis auf den großen.

Material

- Marabu-Fun Liner Magic in Zitron
- Marabu-Fun Liner Glitter in Rubinrot
- je 1 Paket große, mittlere und kleine Indianerfedern
- 1 Paket Marabufedern in Blau
- 10 Holzperlen, Ø 0,8 mm
- Lederriemen
- Leder in Blau, 8 x 80 cm
- Gummiband, 2 cm breit, 32 cm lang
- Nadel und Faden
- Büroklammern
- Bleistift
- Alleskleber
- Schere
- Cutter

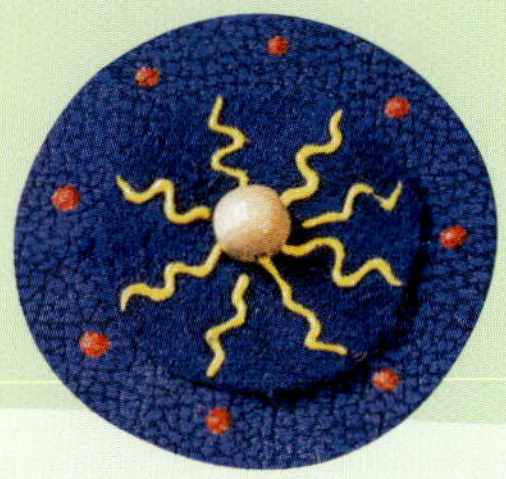

Vorlage 70, Seite 194

Mutiger Indianer-Krieger

Diese Maske lebt von den indianischen Symbolen, die auf Stirn, Wangen und Kinn verteilt aufgeschminkt werden.

1. Frederik, bevor er zum Tomahawk greift und sich im Schneidersitz als Krieger „Schwarze Feder" vor sein Tipi setzt. Achtung: Wenn das Kind einen rötlichen Hautton besitzt, braucht das Gesicht nicht grundiert zu werden. So wirkt die gesamte Maske natürlicher.

2. Zeichnen Sie auf die Stirn mit dem Schminkstift zwei senkrechte schwarze Striche ein und fahren Sie diese mit dem Flachpinsel nach. Die Mitte malen Sie dann weiß aus. Setzen Sie das gleiche Zeichen noch einmal waagerecht auf das Kinn. Malen Sie dann auf eine Wange in Rotbraun ein Mäanderband und auf die andere Wange ein gelb-orange-braunes Streifensymbol.

3. Die Augenbrauen mit etwas schwarzer Schminke am Pinsel so in Wuchsrichtung nachziehen, dass sie dichter und dunkler wirken. Setzen Sie dann eine schwarze Linie auf das obere Augenlid und ziehen ebenfalls mit Schwarz je eine Linie unter den Augen.

Tipp:
Einem Indianer können Sie wilde Fantasiezeichen aufschminken, die Augenbrauen, Wimpern und Haare schwarz färben, aber niemals dürfen Sie ihm einen Bart aufmalen. Das wäre ein Stilbruch, denn Indianer haben keine Bärte!

1

2

3

Material

- Wasserlösliche Schminke in Schwarz, Weiß, Rotbraun, Orange, Mittelbraun und Gelb
- Schminkstift in Schwarz
- Rundpinsel
- Flachpinsel

Apachen-Kopfschmuck

Die wirkungsvollen Conchas werden aus Prägefolie geschnitten und gestanzt. Zusammen mit Federn oder dicken Zöpfen ein sehr dekorativer Kopfschmuck.

Stirnband mit Zöpfen

1. Übertragen Sie die Vorlage für die Conchas fünfmal auf Prägefolie. Legen Sie die Scheiben auf ein weiches Tuch und drücken das grafische Muster vorsichtig mit der Kugelschreiber-Spitze hinein.

2. Schneiden Sie fünf Kartonscheiben in der Größe der Conchas aus und kleben diese gegen die Conchas-Rückseite. Die beiden Öffnungen in der Mitte werden frei geschnitten.

3. Schneiden Sie aus dem roten Leder das Stirnband (5,5 x 3 cm), aus dem blauen Leder ein 8 mm breites und 29 cm langes Schmuckband.

4. Die Conchas ziehen Sie auf den blauen Lederstreifen und verteilen sie gleichmäßig. Kleben Sie das gesamte Band mit Alleskleber auf das Stirnband.

5. Wickeln Sie die Wolle über Hand und Ellenbogen auf und durchtrennen sie an einer Stelle. Teilen Sie die Wolle in zwei gleich dicke Stränge. Jeder Strang wird mit etwas Biegeplüsch an einem Ende abgebunden, legen Sie dieses Ende auf den Tisch und beschweren es. Teilen Sie die Stränge in drei Teile und flechten sie. Die fertigen Zöpfe mit Biegeplüsch ordentlich abbinden.

6. Positionieren Sie das Lederband mit der Rückseite nach oben. Streichen Sie drei Zentimeter von den Außenkanten entfernt ein etwa 15 cm breites Stück mit Alleskleber ein. Nehmen Sie das Biegeplüsch vom Zopfanfang ab, fächern den Zopf dort auf und drücken ihn in den Kleber.

7. Schneiden Sie aus den Filzresten zwei Streifen (4,8 x 16 cm). Streichen Sie die Zopfanfänge im Bereich des Stirnbandes dick mit Alleskleber ein und kleben die Filzstreifen auf.

8. Das Stirnband wird an den Enden je dreimal gelocht. Ziehen Sie die Gummilitze kreuzweise ein und verknoten sie unten.

Stirnband mit Federn

1. Fertigen Sie wie oben beschrieben vier Conchas, das Stirn- und das Schmuckband.

2. Übertragen Sie die Federn von der Vorlage auf weißen Fotokarton und schneiden sie aus. Färben Sie sie jeweils im unteren Bereich bis zur Markierung auf der Vorlage beidseitig mit dem Filzstift ein. Knicken Sie die Federn entlang der gestrichelten Mittellinie und schneiden sie im Abstand von zwei bis drei Millimetern schräg mit der Schere ein. Lassen Sie dabei einen Mittelsteg von etwa sieben Millimetern stehen. Lochen Sie die Federn knapp oberhalb des Kiels (siehe Markierung).

3. Lochen Sie das Stirnband und befestigen die Federn mit Musterklammern.

4. Fertigstellung wie oben beschrieben.

Material

- Prägefolie in Silber
- Lederreste
- weiches Tuch
- Kugelschreiber; Schere
- Alleskleber; Lochzange
- Gummilitze in Schwarz

Stirnband mit Zöpfen

- Fotokarton in Grau
- Biegeplüsch in Rot
- Filzreste
- 50 g Sportgarn in Schwarz (für Nadelstärke 4 bis 4,5)

Stirnband mit Federn

- Fotokarton in Grau und Weiß
- Filzstift in Schwarz
- 2 Musterklammern

Vorlage 71, Seite 194

Verwegener Cowboy

Einen Hauch von Abenteuer und Männlichkeit verspürt man bei dieser Cowboymaske.

1. Zeichnen Sie mit dem schwarzen Schminkstift dem zukünftigen Cowboy einen Schnurrbart auf die Oberlippe. Ziehen Sie dann den Bart mit etwas schwarzer Wasserschminke auf dem Pinsel nach.

2. Malen Sie ebenfalls mit Schwarz die Augenbrauen buschig. Besonders energisch wird der Gesichtsausdruck, wenn die Augenbrauen möglichst gerade gezogen werden und erst im letzten Drittel nach unten hin abfallen.

3. Die Wangen mit etwas dunkelbrauner Schminke einlegen. Betonen Sie typische Männerfalten wie das Kinngrübchen und zeichnen Sie den Kinnbogen darüber ebenfalls mit Dunkelbraun ein.

4. Legen Sie abschließend leichte Schatten auf die Nasenwand und streichen diese in Richtung der Wangen weich aus.

Tipp:
Falls Sie sich mal vermalen sollten, lässt sich Wasserschminke leicht und problemlos mit lauwarmem Wasser wieder entfernen.

Material

- Wasserlösliche Schminke in Schwarz und Dunkelbraun
- Schminkstift in Schwarz
- Schminkschwämmchen
- Rundpinsel
- Flachpinsel

Joho, Piraten, joho!

Im Handumdrehen entsteht aus Fotokarton und Bastelfilz ein Hut für einen furchtlosen Piraten, der mit seinem Wagemut die Weltmeere unsicher macht.

1. Schneiden Sie die Hutform zweimal aus schwarzem Fotokarton aus.

2. Bestreichen Sie eine der Formen von den Markierungen (siehe Vorlage) bis zum äußeren Rand mit Alleskleber. Wichtig: Die Markierungen auf der Vorlage gelten für einen Kopfumfang von etwa 55 Zentimetern und müssen ggf. abgeändert werden.

3. Fügen Sie die beiden Teile zusammen und drücken sie fest. Lassen Sie den Klebstoff anschließend gut trocknen.

4. Schneiden Sie den Totenkopf aus Filz aus und bestreichen ihn mit Kraftkleber. Kleben Sie den Totenkopf zum Abschluss auf die Vorderseite des Piratenhuts.

Material

- Fotokarton in Schwarz, 50 x 70 cm
- Bastelfilz in Weiß
- Schere
- Bleistift
- Alleskleber
- Kraftkleber

Vorlagen 72 - 74, Seiten 195

Der Wildeste von allen

Früher machten sie die Meere unsicher, heute erobern sie die Herzen der Mädchen im Sturm.

1. Maximilian, bevor ihm ein Stoppelbart wächst und er zum Schrecken der sieben Weltmeere wird.

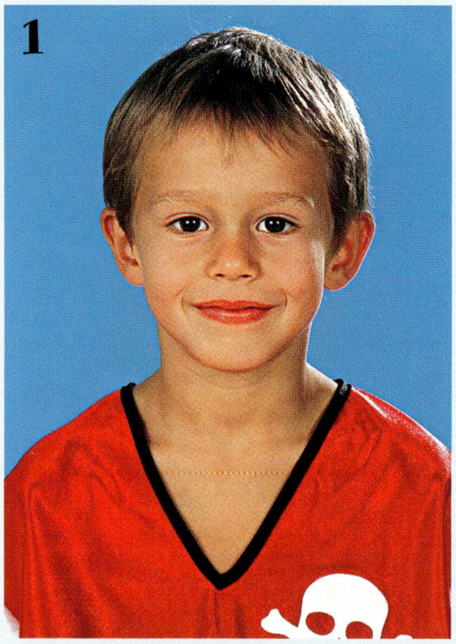
1

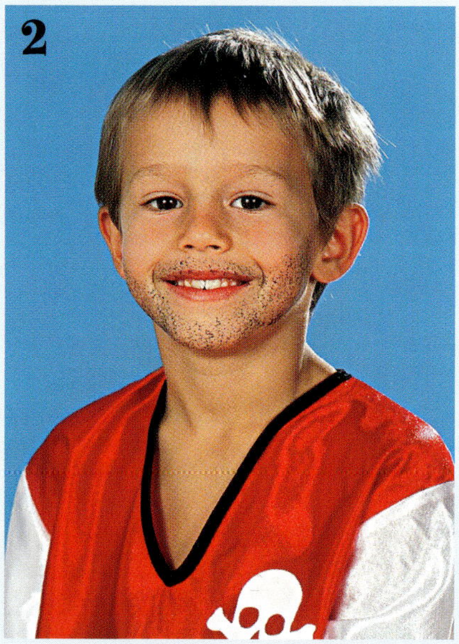
2

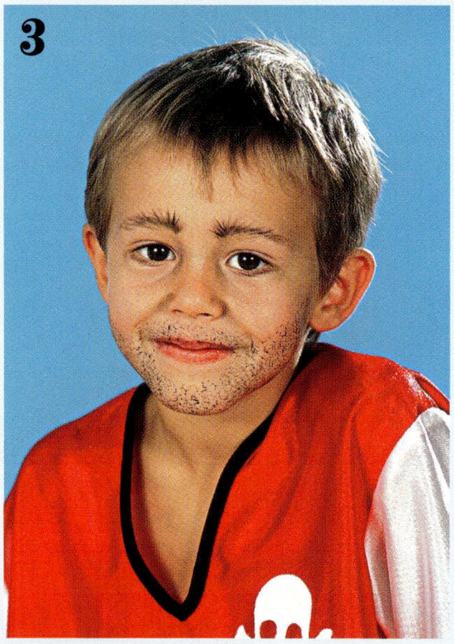
3

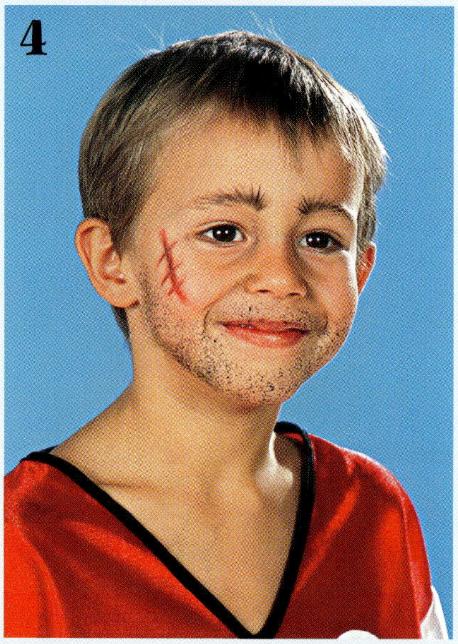
4

2. Drücken Sie den Stoppelschwamm zuerst in die schwarze Wasserschminke und tupfen ihn anschließend auf Wangen, Kinn und Oberlippe. Arbeiten Sie hierbei mit so wenig Wasser wie möglich, um einen schönen Drei-Tage-Bart zu erhalten.

3. Mit schwarzer Wasserschminke auf einem feinen Rundpinsel werden die Augenbrauen buschig verstärkt. Für einen entschlossenen und düsteren Gesichtsausdruck betonen Sie die Brauen an der Nasenwurzel und bürsten sie zur Mitte hin. Zeichnen Sie mit Braun und wenig Wasser am Pinsel Schatten unter den Augen und an den Nasenrändern. Ziehen Sie noch Lidstriche unter den Augen.

4. Malen Sie die Narbe mit Rot vor und legen mit wenig Schwarz die Tiefen ein. Zum Schluss wird noch die Augenklappe aufgesetzt.

Material

- Wasserlösliche Schminke in Schwarz, Dunkelbraun und Rot
- Schminkstift in Schwarz
- Rundpinsel
- Flachpinsel
- Stoppelschwamm

Wikinger-Leben

Wicki, der kleine Wickinger mit den pfiffigen Ideen, ist ein echter Star in der Kinderwelt. Keine Frage: Wer diesen Helm aus Pappmaché trägt, fühlt sich gleich genauso klug, stark und hilfsbereit.

1. Reißen Sie die Zeitung in kleine Schnipsel und rühren Tapetenkleister an.

2. Blasen Sie den Luftballon auf. Der Umfang sollte in etwa dem Kopfumfang entsprechen.

3. Bekleben Sie den Ballon mit gekleisterten Zeitungsschnipseln in mehreren Lagen. Lassen Sie jede Lage antrocknen, erst dann wird die nächste Lage aufgetragen.

4. Streichen Sie für die Hörner jeweils eine Zeitungsdoppelseite vollständig mit Kleister ein. Fassen Sie die Seite in der Mitte zusammen und formen sie zum Horn (siehe Detailfoto). Modellieren Sie die Grundform mit Zeitungsschnipseln aus.

5. Ist alles vollständig getrocknet (am besten über Nacht), wird der Luftballon entfernt und der Helm am unteren Rand gerade geschnitten. Kürzen Sie die Hörner mit der Schere auf gleiche Länge, befestigen sie mit Kreppband am Helm und bekleben die Verbindungsstellen mit eingekleisterten Schnipseln. Lassen Sie alles trocknen.

6. Nun wird der Helm zunächst weiß grundiert. Bemalen Sie dann den Helm hellblau und die Hörner goldfarben und lassen die Farbe gut trocknen.

7. Kleben Sie die Borte mit Holzleim an. Öffnen Sie die Schokomünzen und streichen die Wappenseiten der Folie glatt. Kleben Sie die drei Münzen auf die Goldborte.

Material

- Marabu Acrylfarbe in Weiß
- Marabu Acrylfarbe Metallic in Blau und Gold

- Luftballon
- Zeitungspapier
- Brokatborte in Gold
- 3 Schokomünzen
- Tapetenkleister
- Kreppband
- Holzleim
- Klebstoff
- Schere

Königin der Nacht

Die Farben Violett, Rot und Gold deuten es bereits an, der magische Schmuckstein auf der Stirn beseitigt jedoch jeden Zweifel: Hier kommt die Königin der Nacht! Eine prächtige Verwandlung für ein kleines Mädchen.

1. Sarah ungeschminkt, bevor sie sich in prächtige Gewänder hüllt und ihr Gesicht mit magischen Zeichen schmückt. Bevor Sie mit dem Schminken beginnen, binden Sie die Haare des Kindes mit einem Band oder Klammern zurück. Das Gesicht sollte sauber, aber nicht gerade frisch eingecremt sein.

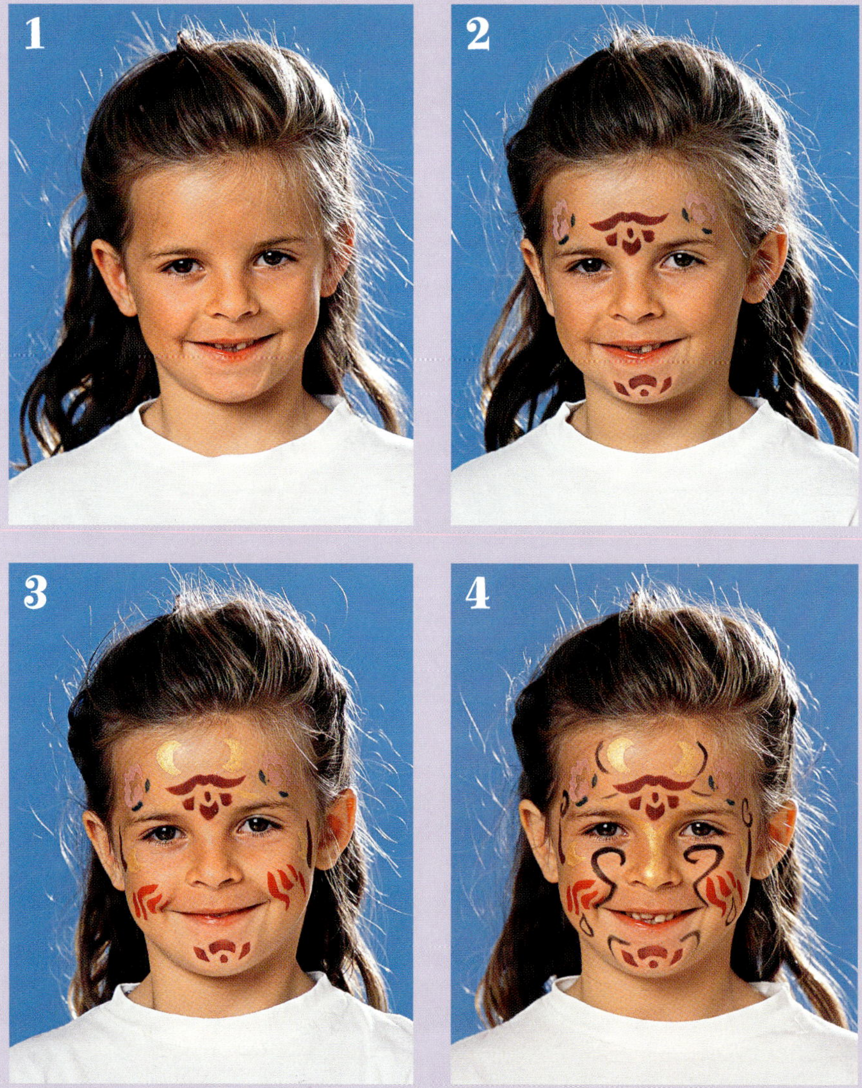

2. Zeichnen Sie mit violetter Wasserfarbe wie auf dem Foto zu sehen kleine Zeichen auf Kinn und Stirn. Malen Sie mit Rosa und Grün zwei Blüten auf die Stirnseiten. Sie können die Motive auch auf einem Stück Papier vorzeichnen, die Innenformen ausschneiden, das Papier als Schablone auf das Gesicht auflegen und die Konturen mit Farbe füllen.

3. Dann zeichnen Sie vier Goldmonde auf die oberen Wangenknochen und die Stirn. Mit kleinen roten Linien werden die Wangen aufgefüllt.

4. Setzen Sie nun mit dem schwarzen Schminkstift geschwungene Linien zwischen die Muster. Ziehen Sie die Lidstriche und fahren die Augenbrauen mit Schwung nach. Dann färben Sie den Nasenrücken und den Mund goldfarben ein. Bestreichen Sie die glatte Fläche des Schmucksteins mit Mastix und drücken den Stein sanft auf die Stirn.

Material

- Wasserlösliche Schminke in Violett, Rosa, Grün, Gold und Rot
- Schminkstift in Schwarz
- Schmuckstein in Violett
- Flachpinsel
- Rundpinsel
- Mastix (hautfreundliche Kleber, erhältlich in Geschäften für Theaterbedarf)

Majestätische Kleopatra

Ein kräftiges Augen-Make-up und geschwungene Linien in Blau, Schwarz und Gold geben Kleopatra ihr geheimnisvolles Flair.

1. Sarah ungeschminkt, bevor sie sich in die bekannte ägyptische Königin verwandelt. Nehmen Sie die Haare mit einem Stirnband oder Haarklammern aus dem Gesicht.

1

2

3

4

2. Beginnen Sie auf den Augenbrauen mit viel schwarzer Wasserschminke auf feinem Rundpinsel geschwungene Linien einzuzeichnen. Dazwischen mit Rot und Blau weitere Linien ziehen. Auf die Wangen blaue Linien sowie rote Punkte setzen.

3. Zeichnen Sie mit goldfarbener Wasserschminke auf Wangen und Stirn kleine Schmuckelemente wie Monde und Kreise ein. Arbeiten Sie dann die Schminkmaske aus und ziehen hierfür die blauen und schwarzen Linien nochmals nach.

4. Zeichnen Sie mit schwarzer Wasserschminke die Augen so ein, wie man es auf dem Foto sehen kann. Lassen Sie das Kind die Augen schließen, wenn Sie den oberen Lidrand bemalen. Für den Strich entlang des unteren Lidrandes bitten Sie das Kind, nach oben zu schauen. Ein roter Stirnpunkt und rote Lippen vervollständigen die Schminkmaske. Bringen Sie mit etwas Goldglimmer zum Schluss die Farben zum Strahlen.

Material

- Wasserlösliche Schminke in Schwarz, Blau, Rot und Gold
- Goldglimmer
- Rundpinsel

- Flachpinsel

Venezianischer Maskentraum

Wer träumt nicht davon, einmal den Karneval in Venedig zu erleben? Diese wundervoll verzierte Maske gibt einen Eindruck vom poetischsten Fest Italiens. Glitzernder Fun-Liner ist der Clou der Dekoration.

1. Drücken Sie die Vorlagen für die beiden Maskenteile mit der Stricknadel auf den Goldkarton durch. Übertragen Sie die Vorlage für das Mittelteil auf den festen Karton.

2. Schneiden Sie alle drei Maskenteile aus, verwenden Sie dabei für Rundungen und Augenschlitze eine kräftige Nagelschere.

3. Ziehen Sie die Ränder von Vorder- und Rückteil mit goldenem Fun Liner nach. Nach dem Trocknen werden beide Teile wie abgebildet oder nach Belieben mit Fun Liner verziert.

4. Kürzen Sie das Rundholz mit der Laubsäge auf 63 Zentimeter und schmirgeln es an einem Ende auf einer Länge von etwa zwölf Zentimetern flach. Bemalen Sie den Holzstab mit Acrylfarbe in Gold.

5. Kleben Sie die drei Maskenteile aufeinander; der feste Karton liegt als Abstandhalter zwischen den verzierten Teilen. Der Maskenstab wird mit seiner flach geschmirgelten Seite elf Zentimeter von der linken Außenkante entfernt auf die Rückseite der Maske geklebt.

6. Überkleben Sie nach dem Trocknen des Klebers den Stab auf der Maskenrückseite mit einem Leukoplast-Streifen. Das Leukoplast wird zum Schluss in Gold bemalt.

Material

- Marabu Acrylfarbe in Metallic-Gold
- Marabu-Fun Liner Glitter in Rubinrot, Fuchsia, Saphir, Smaragd, Silber und Gold

Vorlagen 75 - 77, Seiten 196 - 200

- Fotokarton in Gold, 50 x 70 cm
- Rundholz, Ø 5 mm, 100 cm
- fester Karton
- Alleskleber
- Leukoplast-Klebeband
- Schere
- Nagelschere
- Bleistift
- Stricknadel
- Laubsäge
- Pinsel
- Schmirgelpapier

Orientalische Sternenfee

Für Mädchen mit einer Vorliebe für orientalische Verkleidungen ist diese Schminkmaske ideal. Mit dem entsprechenden Kostüm sehen sie aus wie eine Prinzessin aus Tausendundeiner Nacht.

1. Julia, bevor sie sich in eine orientalische Schönheit verwandelt. Ihre langen Haare sind natürlich ideal für dieses Kostüm. Kurzhaarige Mädchen erhalten farblich passende Tücher als Kopfschmuck umgebunden.

2. Zeichnen Sie zuerst die Konturen wie auf dem Foto mit blauem Schminkstift ein. Arbeiten Sie auf beiden Gesichtshälften möglichst symmetrisch. Legen Sie dann die hellblauen Schatten im Nasen- und im Wangenbereich an. Ziehen Sie die Außenkonturen mit dunkelblauem Schminkstift nach.

3. Malen Sie mit dunkelbrauner Wasserschminke die Außenlider bis zu den Schläfen hin aus. Lassen Sie das Dunkelblau nass in nass mit weichem Übergang in den hellblauen Lidbereich hineinlaufen. Anschließend wird in die äußere „Wangenwelle" ein dunkelblauer Schatten gelegt.

4. Kleben Sie die Wimpern mit dem dazugehörigen hautfreundlichen Klebstoff auf die Augenlider. Tuschen Sie danach natürliche sowie künstliche Wimpern schwarz und zeichnen einen blauen Unterlidstrich ein. Tragen Sie den rosafarbenen Lippenstift auf. Mit blauem Glimmer werden anschließend Akzente gesetzt.

Material

- Wasserlösliche Schminke in Hellblau und Dunkelblau
- Schminkstift in Hell- und Dunkelblau
- Flachpinsel
- Rundpinsel
- künstliche Wimpern
- Wimperntusche in Schwarz
- Lippenstift in Rosa
- Glitter in Blau

Robby Roboter

Fantasie ist bei der Gestaltung des Roboters gefragt. Alles, was funkelt, glitzert und technisch aussieht, findet Verwendung.

1. Schneiden Sie vom Schuhkarton eine schmale Seitenfläche heraus und beziehen den Schuhkarton vollflächig mit Hologrammfolie. Schneiden Sie dazu die Folie in quadratische Stücke und kleben sie dachziegelartig übereinander.

2. Schneiden Sie zwei Augenlöcher aus. Biegen Sie aus Metallic-Chenilledraht zwei Kreise (Ø 4 cm) und verzwirbeln die Enden. Kleben Sie die Chenille-Kreise um die Augenlöcher.

3. Kleben Sie dicht nebeneinander zwei Teelichterhülsen als Nase auf.

4. Für den Mund wird Fun Liner Glitter in Rubinrot aufgetupft. Lassen Sie den Fun Liner gut trocknen

5. Grundieren Sie die Hülsen der Streichholzschachteln in Weiß. Vier Hülsen werden silber, eine rot, eine grün angemalt. Besprühen Sie die Hülsen zusätzlich mit Glitter-Spray. Schieben Sie nun die Innenteile ein und kleben die Schachteln entsprechend der Abbildung als „Schalter" auf.

6. Grundieren Sie die Sektkorken („Drehknöpfe") weiß, bemalen sie in Silber und kleben sie entsprechend der Abbildung auf.

7. Wickeln Sie zwei silberne Chenilledrähte um ein Fun Liner-Fläschchen. Ziehen Sie die Drähte dann leicht auseinander und kleben sie rechts und links am Karton fest.

Material

- Marabu Acrylfarbe in Weiß, Rot und Grün
- Marabu Acrylfarbe Metallic in Silber
- Marabu-Fun Liner Glitter in Rubinrot
- Schuhkarton
- Hologrammfolie in Silber
- 6 Streichholzschachteln
- 2 Teelichterhülsen
- Metallic-Chenilledraht in Silber und Blau
- 3 Sektkorken
- Schere
- Klebstoff

Haariges Monster

Wer sagt denn, dass Monster keine bunten Haare haben dürfen? Diesem Grünling jedenfalls stehen sie sogar sehr gut.

1. Übertragen Sie die Vorlagen für Maske und Augen auf den entsprechenden Fotokarton und schneiden die Motive aus.

2. Zeichnen Sie die schwarzen Augenovale mit dem dünnen Filzstift an und malen sie mit dem dicken Stift aus. Schneiden Sie die Ovale aus, kleben diese auf die Maske und schneiden die Sichtlöcher mit einer Nagelschere heraus.

3. Ziehen Sie den gebogenen unteren Rand der Maske mit Fun Liner nach. Legen Sie die Maske einige Minuten in den auf 130° vorgeheizten Backofen, bis die Farbe plustert.

4. Kürzen Sie die Grasfasern in unterschiedlichen Farben auf jeweils etwa 17 Zentimeter und ziehen sie glatt. Die Farbstränge werden nebeneinander gelegt und mit reichlich Kleber auf die Rückseite der Maske geklebt. Damit die Fasern nicht am Kopf kratzen, schneiden Sie einen Filzstreifen (27,5 x 3,5 cm) zu und kleben ihn über den Ansatz.

5. Bohren Sie die Löcher für den Hutgummi (siehe Vorlage). Ziehen Sie die Gummikordel durch die Löcher vor die Maske und knoten auf jeder Seite jeweils eine Perle an.

Material

- Marabu-Fun Liner Magic in Hellgrün
- Fotokarton in Grasgrün und Weiß
- Grasfaser in Hellgrün, Dunkelgrün, Fuchsia, Gelb, Orange, Blau
- dünner und dicker Filzstift in Schwarz
- 2 kleine grüne Perlen
- Filz in Grün
- Gummikordel in Weiß
- Schere
- Nagelschere
- evtl. Lochzange
- Kopierpapier
- Papier
- Bleistift
- Alleskleber

Vorlage 78, Seite 201

Gruseliger Geisterspaß

Je später der Abend, desto gruseliger die Gäste. Auf den folgende Seiten finden Sie genau die richtigen Schminkmasken und Verkleidungen für Grauen erregende Halloween-Partys, furchtbare Hexentänze und das gruselige Vampir-Stelldichein.

Wilde Waldhexe

Wer der Waldhexe begegnet, darf sich freuen: Sie ist eine gute Hexe und kennt jede Menge tolle Hexen-Sprüche. Vielleicht verrät sie eine magische Formel, wenn man sie darum bittet.

1. Zuerst werden Schattierungen angebracht. Hierzu färben Sie die Schläfen, die Wangen und die Nasenseiten mit rotbrauner Wasserschminke leicht ein.

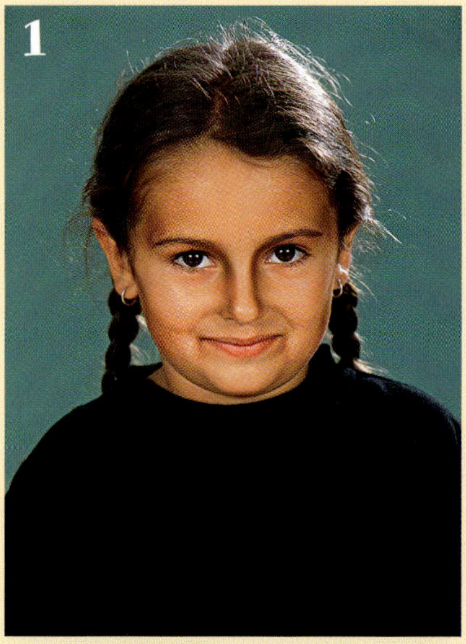

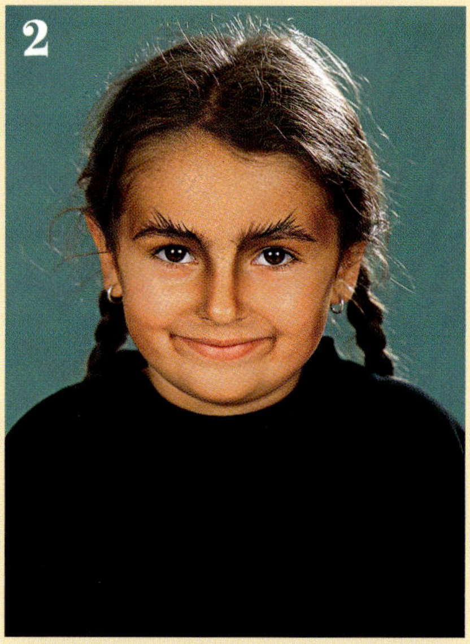

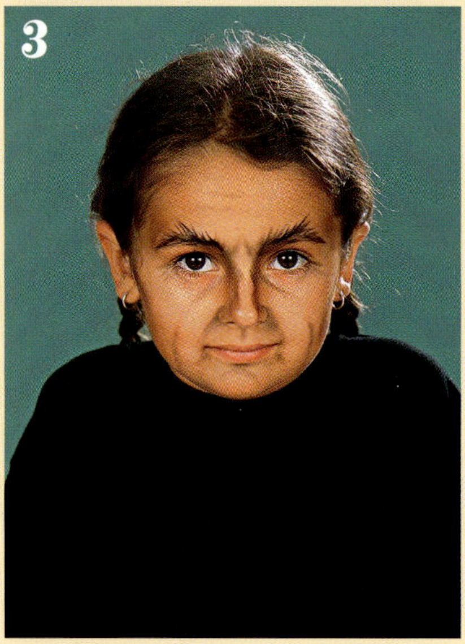

2. Mit einem feinen Pinsel und schwarzer Wasserschminke formen Sie anschließend die buschigen Augenbrauen der kleinen Hexe.

3. Nun kommen die Falten an die Reihe. Sie lassen die Hexe älter wirken. Bringen Sie mit Schwarz Stirn-, Wangen-, Kinn- und Nasenfalten an und verwischen diese leicht mit dem Finger. Gerade Linien bringen zusätzliche Härte ins Gesicht.

4. Legen Sie für die „magischen Augen" in die Lidfalte einen dunklen Strich und ziehen ihn an den äußeren Augenwinkeln hoch. Anschließend wird ein schräger Strich entlang des Unterlides gezogen. Mit grüner Schminke legen Sie kleine Striche auf das Oberlid und lassen sie seitlich auslaufen. Geben Sie zudem ein wenig Grün auf die Falten und verwischen die Farbe. Malen Sie den Mund mit rotbrauner Schminke aus. Die Farbe wird schließlich an den Mundwinkeln nach unten gezogen.

Material

- Wasserlösliche Schminke in Rotbraun, Schwarz und Grün
- Schminkstift in Schwarz
- Schminkschwämmchen
- Rundpinsel
- Flachpinsel

Spinne im Netz

Der Spinnenträger sorgt überall dort, wo er auftaucht, für Staunen und Aufmerksamkeit. Wer sich diese Maske zutraut, ist wirklich „gruselfest".

1. Um Spannung zu erzeugen wird diese Maske bewusst asymmetrisch angelegt. Wählen Sie daher zuerst einen Punkt rechts oder links neben der Nase als Mitte für das Spinnennetz. Ziehen Sie mit dem Schminkstift zwei sich in diesem Punkt schneidende Linien in Kreuzform über das Gesicht. Fügen Sie weitere Linien hinzu, die jeweils von diesem Punkt aus nach außen laufen.

2. Zeichnen Sie dann vom Mittelpunkt ausgehend bogenförmige Linien zwischen die einzelnen Striche. Wichtig: Beziehen Sie die Nasen- und die Mundform bei der Strichführung mit ein.

3. Ziehen Sie Schritt für Schritt kreisförmige Bögen ein, bis ein gleichmäßiges Spinnennetz entsteht. Die Augen bleiben bei dieser Maske unbetont.

4. Tragen Sie Goldglimmer zwischen den Bögen auf. Der Glimmer lässt das Gesicht freundlicher wirken und erinnert an Tautropfen, die morgens auch auf den echten Spinnennetzen zu sehen sind. Setzen Sie mit Mastix oder Wimpernkleber zum Schluss die Spinne auf die Stirn.

Tipp:

Sollten Sie sich einmal „vermalt" haben, können Sie die Schminke leicht mit einem mit Wasser befeuchteten Wattestäbchen entfernen und anschließend die Korrektur anbringen.

Material

- Schminkstift in Schwarz
- Rundpinsel
- Flachpinsel
- Glitter-Mascara in Gold
- Mastix oder Wimpernkleber
- Plastikspinne

4. Ziehen Sie das Gummiband durch die Löcher, stimmen Sie die Länge dabei auf die Kopfgröße ab und verknoten das Band dann.

Maske mit Fledermaus

1. Formen Sie aus der Modelliermasse einen Fledermauskörper und lassen ihn trocknen.

2. Malen Sie den Körper mit dem schwarzen Lack an. Die Farbe muss vor der weiteren Arbeit gut trocknen. Betonen Sie dann Augen und Nase mit dem weißen Lackstift und färben mit Fun Liner Glitter den Mund und die Ohren rot.

3. Übertragen Sie die Teile für den Fledermauskörper von der Vorlage auf Transparentpapier und danach auf schwarzes Moosgummi. Schneiden Sie die Teile aus.

4. Bringen Sie mit dem Fun Liner Magic in Weiß an den Rändern, den Augen und den Flügeln Konturen auf. Lassen Sie die Farbe gut trocknen. Kleben Sie den Fledermauskörper mittig auf die Maske.

5. Stechen Sie in die Flügel auf Augenhöhe zwei Löcher. Das Gummiband wird durch die Löcher gezogen und die Länge dabei auf die Kopfgröße abgestimmt. Verknoten Sie schließlich das Gummiband hinter dem Kopf.

Graf Dracula

Gruselgeschichten über den untoten Grafen, der nachts zum Blutsaugen aus seinem Sarg stieg, gibt es viele. Nichts jedoch kann so gruselig sein, wie plötzlich dem Grafen selbst gegenüberzustehen.

1. Lukas, bevor er sich in den Furcht erregenden Grafen Dracula verwandelt. Diese Maske ist ein hervorragendes Beispiel dafür, wie mit ganz wenigen Mitteln tief greifende optische Veränderungen bewirkt werden. Genau genommen geht es hier ausschließlich um veränderte Höhen und Tiefen im Gesicht, die durch den roten Farbtupfer belebt werden.

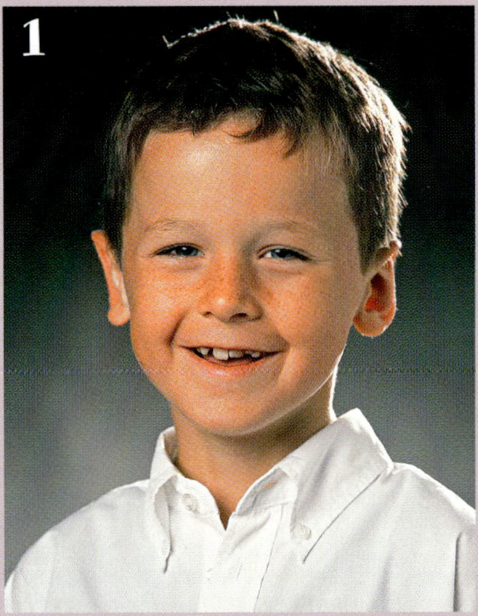

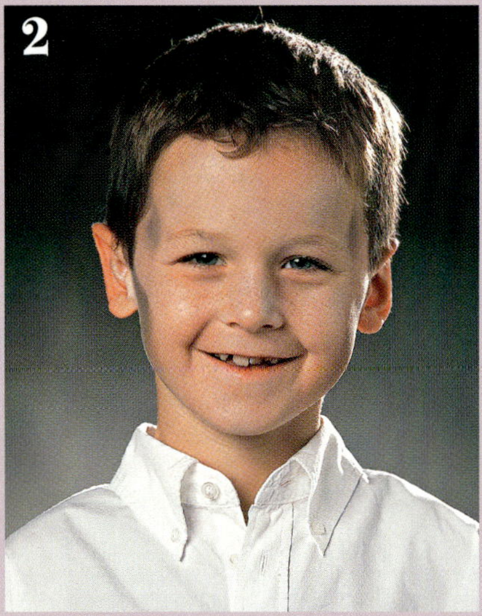

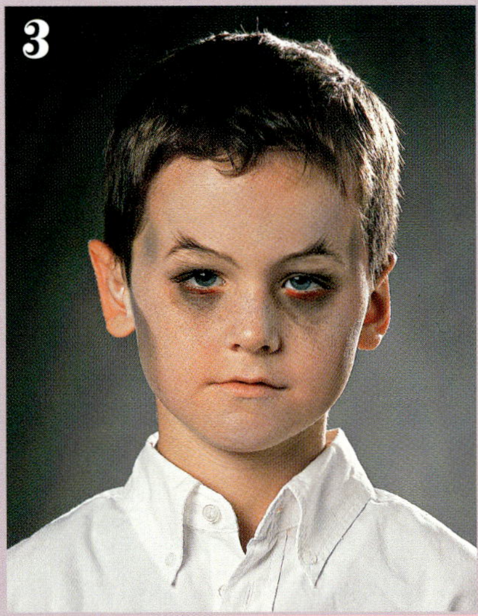

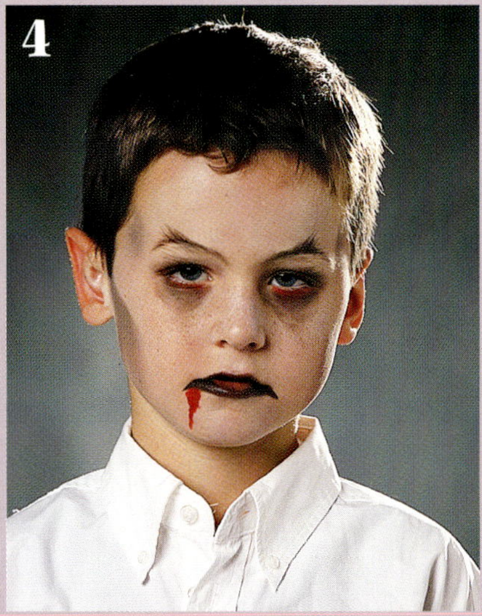

2. Zunächst muss der Teint blasser werden. Dazu verteilen Sie weiße Wasserschminke dünn mit einem Schwämmchen über das Gesicht. Zum Verdünnen der Farbe verwenden Sie einfaches Leitungswasser. Legen Sie dann mit Grau Schatten in Schläfen und Wangen.

3. Zeichnen Sie mit schwarzem Schminkstift kantige Augenbrauen ein und lassen sie „gespenstisch gezackt" nach oben auslaufen. Unter die Augen legen Sie tiefe Augenschatten, wie es sich für einen echten Grafen Dracula gehört. Bringen Sie mit rotem Schminkstift zwei Unterlidstriche an.

4. Anschließend zeichnen Sie den Mund mit einem Flachpinsel schwarz ein und ziehen die Mundwinkel nach unten. In einen der Mundwinkel malen Sie mit Rot das Blut. Sprühen Sie zum Schluss die Haare schwarz. Halten Sie dazu eine Papierserviette vor das geschminkte Gesicht.

Material

- Wasserlösliche Schminke in Weiß, Rot, Grau und Schwarz
- Schminkstift in Schwarz und Rot
- Flachpinsel; Rundpinsel
- Papierserviette
- Haarspray in Schwarz

Ein teuflisches Grinsen

Es muss ja nicht immer die diabolische, grausame Variante des bösen Höllenfürsten sein. Hier haben wir eine Maske, mit der auch die Kleinsten ihren Spaß haben können. Denn so teuflisch ist das Grinsen doch auch nicht, oder?

1. Übertragen Sie alle Teile des Motivs von der Vorlage auf Tonkarton.

2. Zeichnen Sie mit dem schwarzen Filzstift die Augen, den Mund und die Ohrmuscheln in das Gesicht ein. Kleben Sie die Nase auf und malen mit dem weißen Lackstift die Glanzlichter in die Augen und auf die Nase.

3. Schneiden Sie mit dem Cutter die beiden Schlitze laut Vorlage in das Haarteil. Je ein Horn wird durch einen Schlitz geschoben und auf der Rückseite knappkantig befestigt. Kleben Sie das Haarteil mit den Hörnern auf dem Teufelsgesicht fest. Malen Sie nun mit Lackstift die gebogenen Linien unterhalb der Hörner auf.

4. Befestigen Sie den Hutgummi auf der Rückseite des Gesichts. Schneiden Sie dazu am besten zwei Tonkartonstreifen (ca. 4 x 4 cm) zu, falten diese in der Mitte und klappen sie wieder auf. Stanzen Sie in je eine Seite ein Loch und kleben die Lasche mit der ungelochten Seite hinter dem Ohr auf der Rückseite des Gesichts fest. Ziehen Sie den Hutgummi durch die Löcher und verknoten ihn.

Tipp:

Wenn Sie die Maske nicht aufsetzen, sondern als Dekoration an die Wand hängen möchten, schneiden Sie einfach keine Löcher in die Maskenaugen. Setzen Sie dann stattdessen weiße Lichtpunkte in die Pupillen, um die Maske lebendiger wirken zu lassen.

Material

- Tonkarton in Rot, Weiß und Schwarz
- Transparentpapier
- Bleistift
- Filzstift in Schwarz
- Lackstift in Weiß
- Hutgummi und passende Nadel
- Klebstoff
- Schere oder Cutter

Vorlage 81, Seite 204

Schauriger Poltergeist

Einmal so gruselig aussehen, dass man im Spiegel vor sich selbst erschrickt - ein herrlicher Spaß! Als schaurig-schöner Poltergeist kannst du einen tollen Abend lang sogar anderen Geistern das Fürchten lehren.

1. Max ungeschminkt, bevor er sich in einen schaurig-schönen Poltergeist verwandelt und loszieht, um Leute zu erschrecken. Für einen Poltergeist reicht als Kostüm ein schwarzer Kapuzenumhang. Silberfarbene Zackeneinlagen, welche die Farbe des Gesichts aufgreifen, sind natürlich besonders schön. Aber auch eine Kontrastfarbe wie dunkles Rot eignet sich für ein Geisterkostüm.

2. Tragen Sie zuerst als Grundierung silberfarbene Wasserschminke mit einem Schwämmchen gleichmäßig auf das ganze Gesicht sowie den Hals auf. Tauchen Sie hierzu das Schwämmchen jeweils kurz in Wasser, drücken es aus, nehmen Schminke auf und tupfen dann die Farbe sorgfältig auf. Lassen Sie zum Schluss alles leicht antrocknen.

3. Zeichnen Sie mit schwarzem Schminkstift die Augen- und Mundkonturen vor. Sie sollen leicht gezackt sein und in der Hauptrichtung nach unten weisen.

4. Malen Sie dann alles mit schwarzer Wasserschminke aus. Fügen Sie unter den Augen ein wenig Rot ein. Auch die Lippen werden an den Innenrändern mit Rot eingefärbt. Anschließend färben Sie die Haare des Poltergeistes schwarz. Halten Sie hierzu eine Papierserviette vor das geschminkte Gesicht und sprühen mit schwarzem Haarspray die vorderen Haarsträhnen ein. Wichtig: Alle Haare, die aus der Kapuze herausschauen, müssen schwarz gefärbt werden.

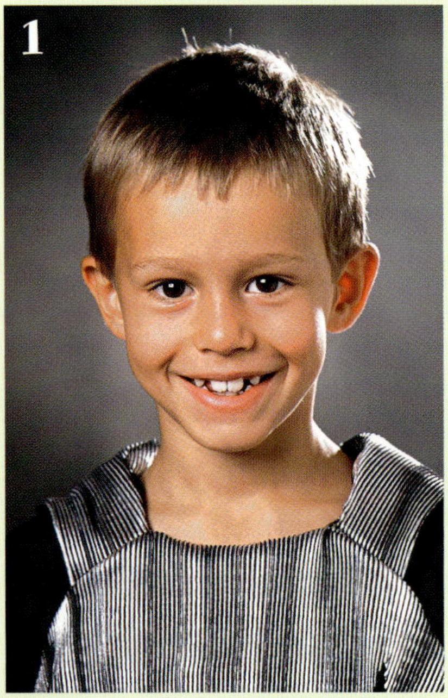

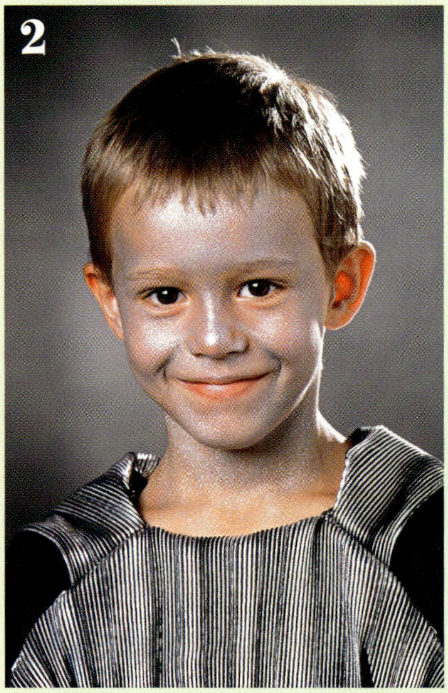

Material

- Wasserlösliche Schminke in Silber, Schwarz und Rot
- Schminkstift in Schwarz
- Flachpinsel
- Rundpinsel
- Schminkschwämmchen
- Papierserviette
- Haarspray in Schwarz

Pfui, Spinne!

Mit diesem Gruselhut gibt es auf der nächsten Schauerfeier bestimmt das große Kreischen. Denn schließlich hat doch fast jeder Angst vor Spinnen, nicht wahr?

1. Übertragen Sie die Teile des Hutes von der Vorlage auf das Moonrockpapier.

2. Schneiden Sie den Außenrand des Hutkreises aus; der Innenkreis (Durchmesser 15,5 cm) wird nur angeritzt, entlang der in der Vorlage eingezeichneten Kreuze eingeschnitten und die dabei entstandenen Dreiecke hochgebogen.

3. Schneiden Sie die Spitzmütze aus, ritzen den Kleberand leicht an und kleben die Mütze zusammen.

4. Fixieren Sie nach dem Trocknen die Spitzmütze mit Klebstoff an den dreieckigen Klebelaschen des Hutkreises.

5. Schneiden Sie ein Stück Seidenpapier ca. zwei Zentimeter größer als den Hutrand zu und stülpen es über die Spitze des Hutes. Befestigen Sie einen Streifen Seidenpapier an der Spitzmütze.

6. Zur Dekoration wird ein Ende des Tüllstreifens zur Schleife gebunden und an der Hutspitze befestigt. Winden Sie den Tüllstreifen dann mehrfach um den Hut bis zur Krempe und fixieren ihn mehrfach am Hut.

7. Schneiden Sie drei bis vier Spinnen aus und kleben pro Spinne drei zehn Zentimeter lange Pfeifenreinigerstücke als Beine auf. Bringen Sie zwei Wackelaugen an und befestigen die Spinnen mit Klebstoff am Hut. Kleben Sie abschließend die Holzblätter auf.

Material

- Moonrockpapier in Grau
- Transparentpapier
- Bleistift
- Klebstoff
- Schere oder Cutter
- Tüll, 10 cm breit, 2,5 m
- Tonkarton in Schwarz
- Pfeifenreiniger
- Holzblätter
- Wackelaugen, Ø 8 mm
- Seidenpapier in Weiß mit Blattmotiv

Vorlagen 82, 83, Seiten 205

Mister Batman

Schwarze Feldermäuse sind fast in jeder gruselig-spannenden Filmszene zu finden. Wer selbst als Fledermaus geschminkt ist, wird sofort mit Action und Abenteuer in Verbindung gebracht. Hinein ins Vergnügen!

1. Malen Sie zuerst mit schwarzem Schminkstift die Fledermauskonturen um die Augen. Arbeiten Sie möglichst symmetrisch und setzen hierfür vorab Markierungspunkte für die Flügelspitzen in das Gesicht.

2. Tragen Sie dann als Grundierung blaue Wasserschminke mit einem Schwämmchen gleichmäßig auf. Sparen Sie dabei jedoch die Fledermausform aus. Tauchen Sie zum Grundieren das Schwämmchen jeweils kurz in Wasser, drücken es aus, nehmen blaue Schminke auf und tupfen Sie dann die Farbe sorgfältig auf das Gesicht.

3. Anschließend wird mit schwarzer Wasserschminke die Fledermausform ausgemalt. Nehmen Sie dazu mit einem kleinen Flachpinsel viel Farbe auf und tragen sorgfältig Stück für Stück die Farbe auf. Malen Sie die Lippen schwarz aus. Wer möchte, kann sie zuvor mit einem schwarzen Schminkstift vorzeichnen. Lassen Sie alles gut trocknen. Setzen Sie dann mit schwarzem Schminkstift in das Blau kleine Sterne. Zeichnen Sie mit weißer Wasserschminke auf einem Rundpinsel die Augen und Seitenkonturen der Fledermaus ein.

Tipp:

Sollte das Kind helle Haare haben, empfiehlt es sich, sie für die Batman-Maske schwarz einzufärben. Halten Sie hierzu eine Papierserviette vor das geschminkte Gesicht und sprühen mit dem schwarzen Haarspray die vorderen Haarsträhnen ein. Arbeiten Sie sich dann langsam von vorn zum Hinterkopf vor.

Material

- Wasserlösliche Schminke in Schwarz, Blau und Weiß
- Schminkstift in Schwarz
- Schminkschwämmchen
- Flachpinsel
- Rundpinsel
- evtl. schwarzes Haarspray
- Papierserviette

Der Grauen erregende Spinnenmann

Spinnen an sich sind ja schon schaurig genug. Aber wenn man dann noch eine besonders dicke samt Netz mitten im Gesicht trägt, dann laufen die gruseligen Schauer nur so über den Rücken.

1. Zeichnen Sie zuerst mit dem schwarzen Schminkstift die Grundform der Spinne auf Stirn und Nase. Um möglichst symmetrisch zu arbeiten, setzen Sie vorab im Gesicht Markierungspunkte für die Spitzen der Spinnenbeine.

2. Malen Sie anschließend das Spinnenetz auf beide Wangen. Auch hier empfiehlt es sich wieder, mit Markierungspunkten zu arbeiten.

3. Zeichnen Sie anschließend die Lippenkontur mit Schwarz ein.

3. Malen Sie nun den Spinnenkörper und die Lippen mit einem kleinen Flachpinsel schwarz aus.

4. Sobald die Farbe getrocknet ist, wird mit Weiß ein kleines Kreuz auf den Spinnenkörper gemalt.

5. Tragen Sie zum Schluss vorsichtig etwas Goldglimmer auf.

Tipp:

Falls Sie sich beim Einzeichnen der Konturlinien von Spinne und Spinnennnetz einmal vermalen sollten, können Sie die falschen Striche leicht mit einem angefeuchteten Wattestäbchen wieder entfernen.

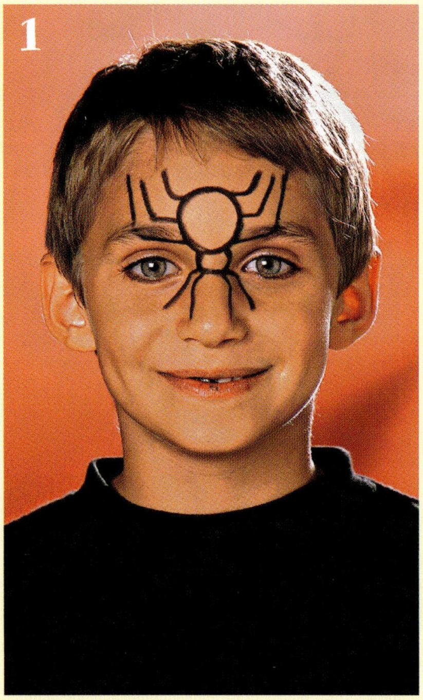

1

2

3

Material

- Wasserlösliche Schminke in Schwarz und Weiß
- Schminkstift in Schwarz
- Goldglimmer
- Rundpinsel
- Flachpinsel

S. 16/17
Märchenkönig
und Königin

1

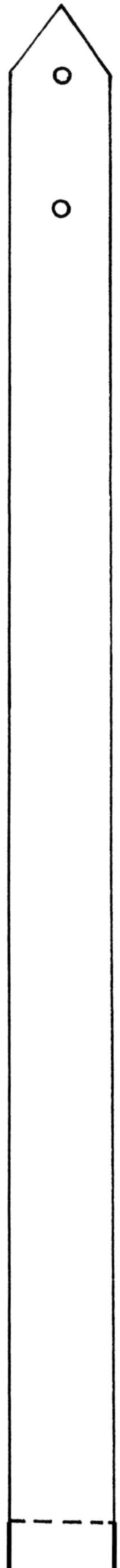

S. 16/17
Märchenkönig und Königin
Vorlage auf 125% vergrößern!

2

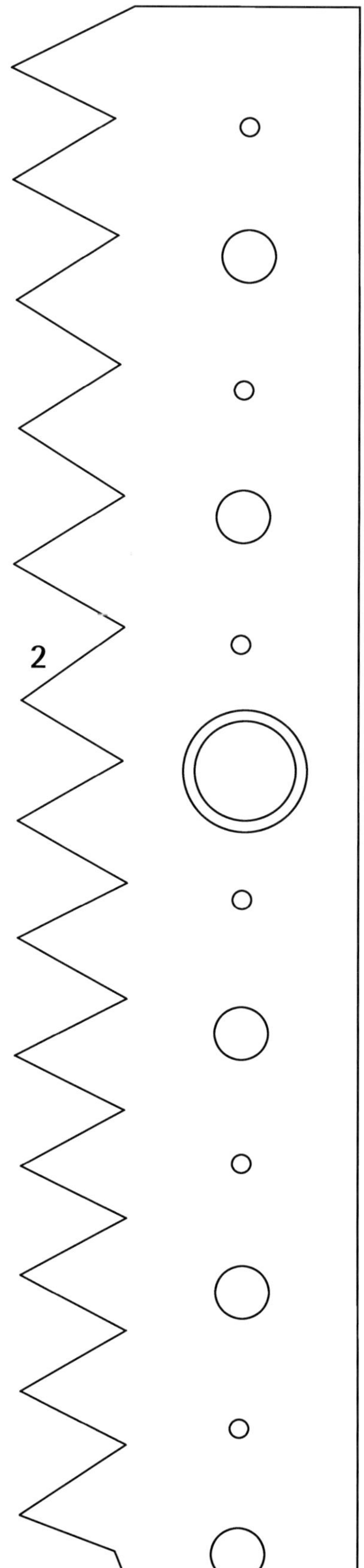

S. 18/19
Kunibert, der edle Ritter

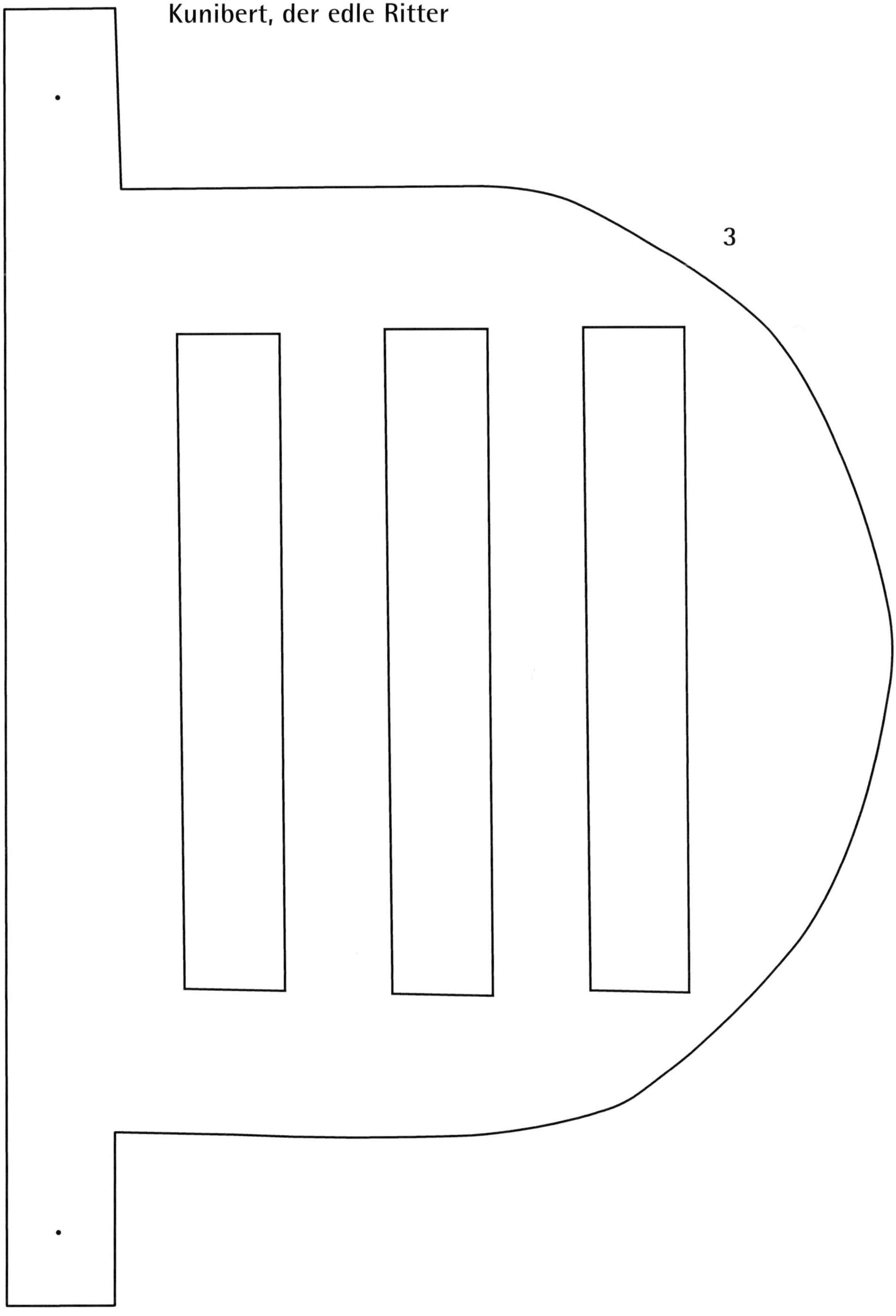

4

S. 20/21
Fliegende Federbüsche
Vorlage auf 110% vergrößern!

S. 78/79
Flieg, Marienkäfer, flieg!
Vorlage auf 110% vergrößern!

S. 20/21
Fliegende Federbüsche

Vorlage auf 140% vergrößern!

S. 24/25
Zaubern für Anfänger
Vorlage auf 250% vergrößern!

6

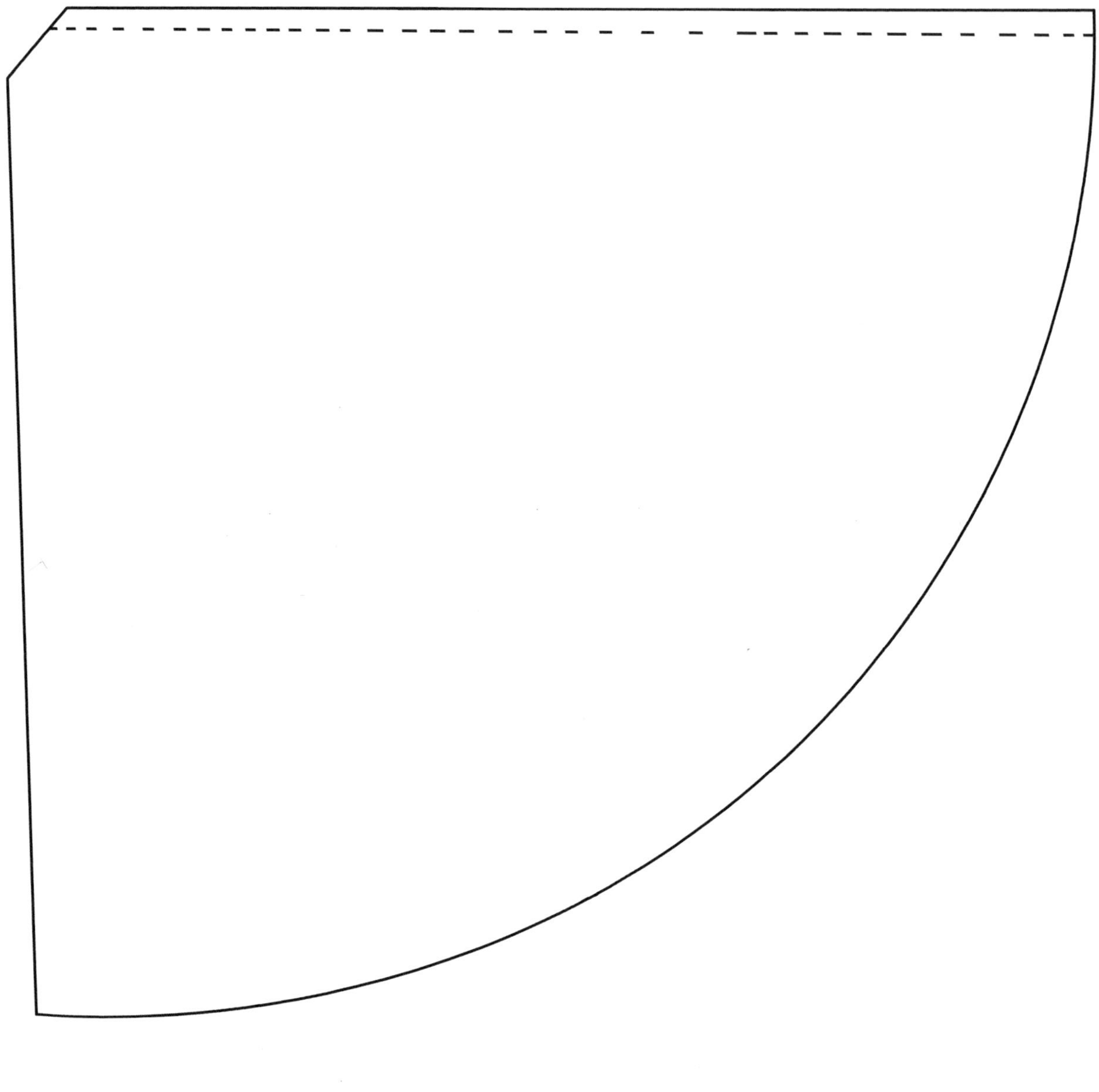

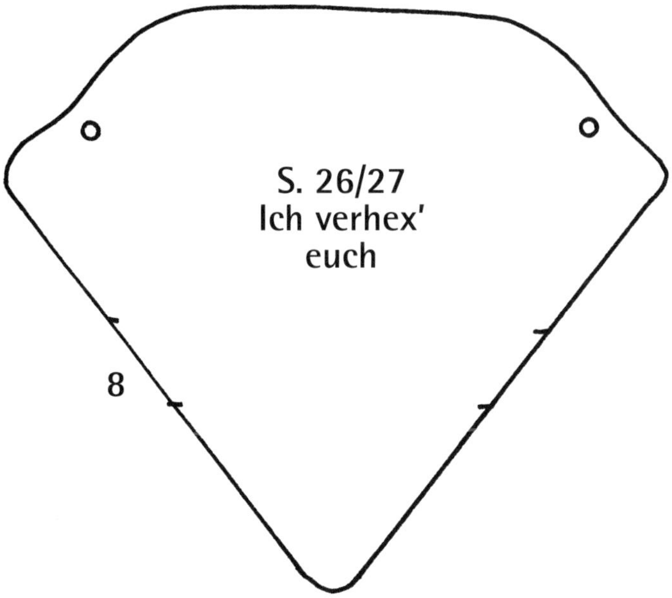

9

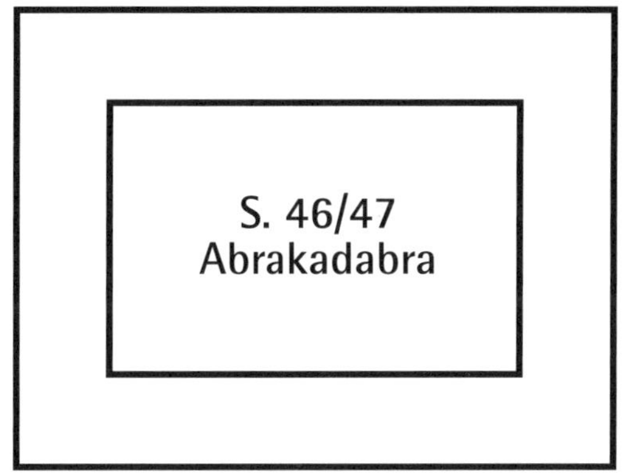

S. 24/25
Zaubern für Anfänger
Vorlage auf 200% vergrößern!

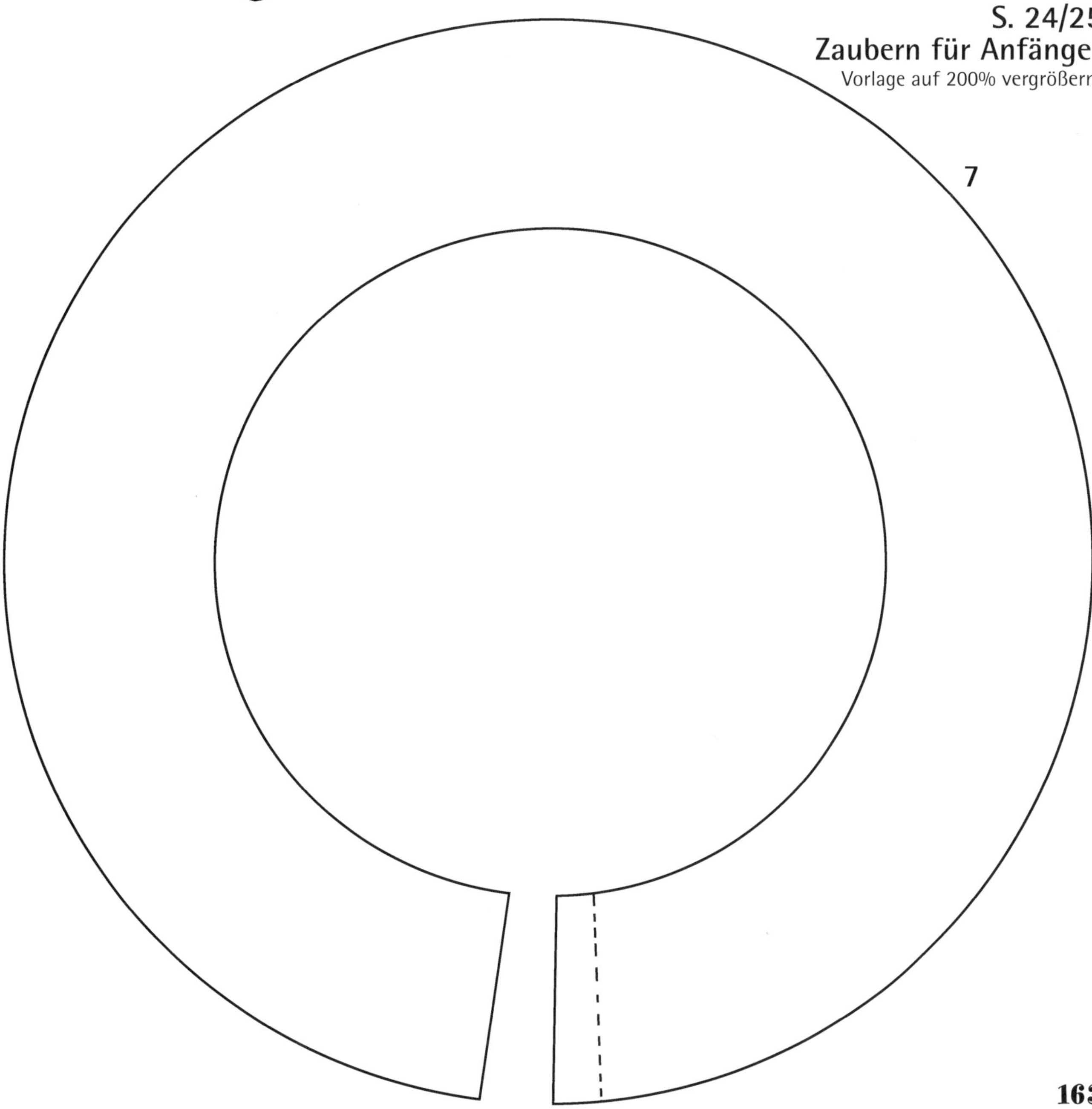

S. 52/53
Hoch wie eine Giraffe

Vorlage auf 110% vergrößern!

S. 56/57
Majestätisch und stolz
Vorlage auf 150% vergrößern!

S. 58/59
Gefährliches Raubtier
Vorlage auf 140% vergrößern!

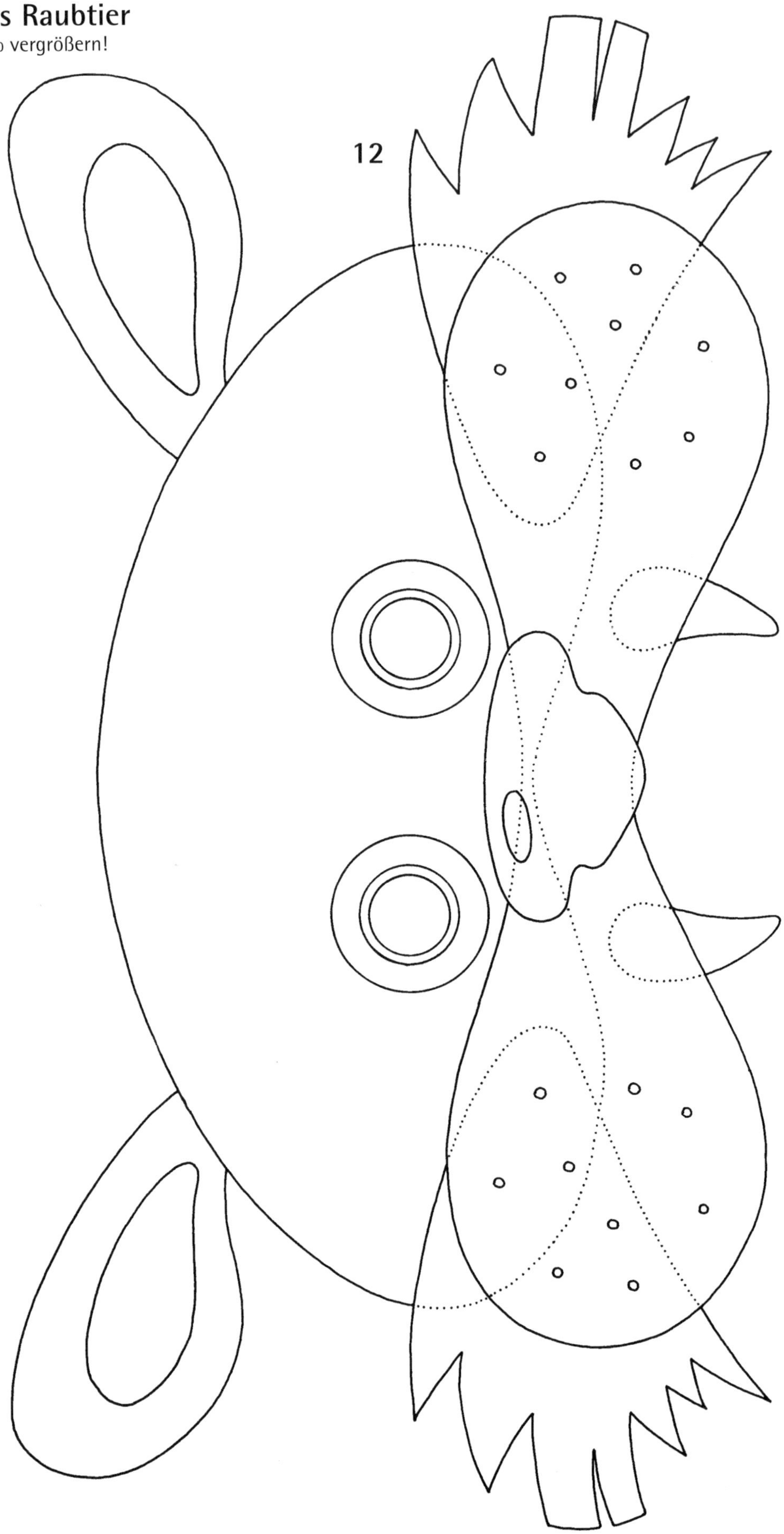

S. 62/63

Streifen wie ein Zebra

Vorlage auf 125% vergrößern!

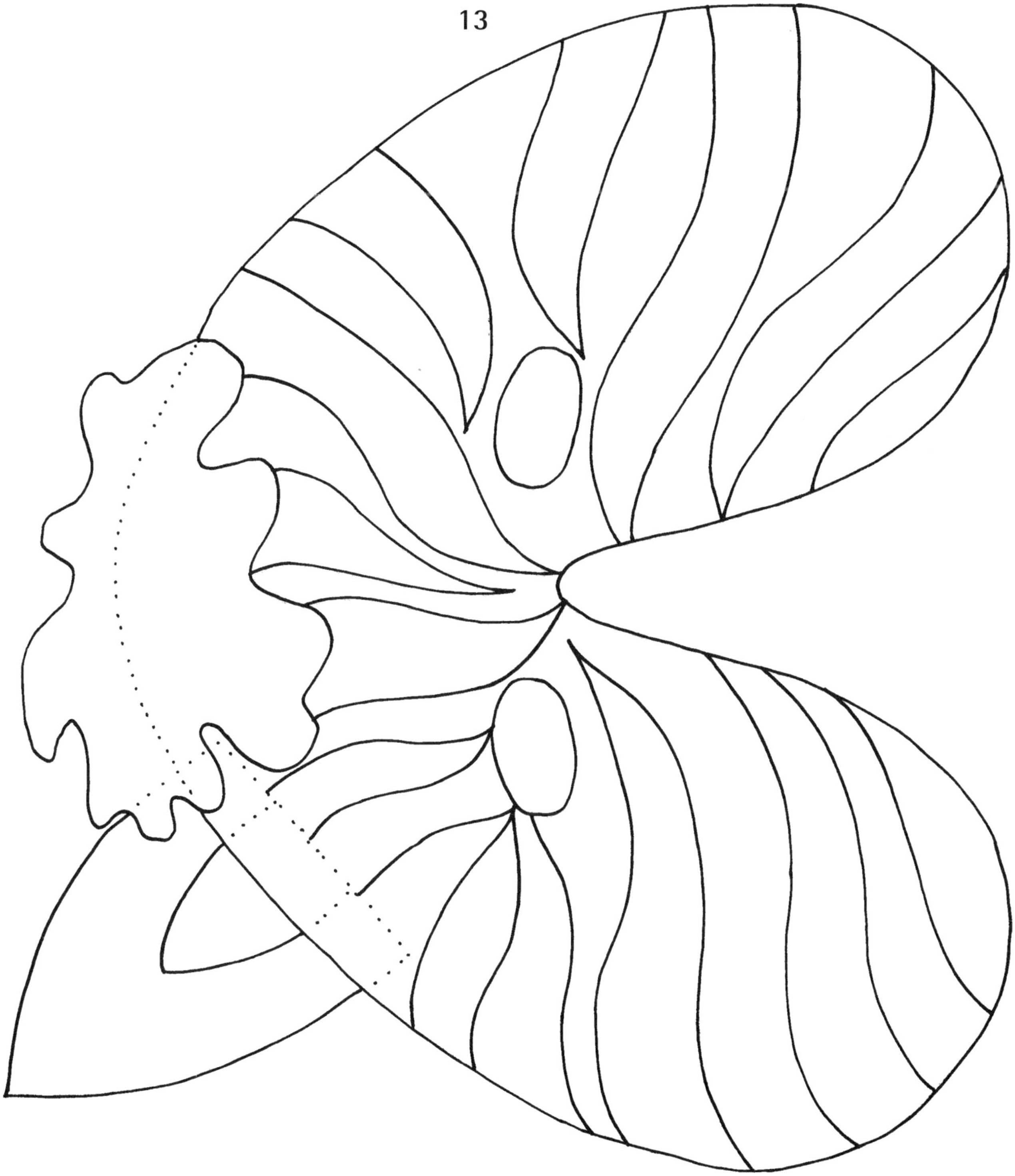

Krokodil

Vorlage auf 250% vergrößern!

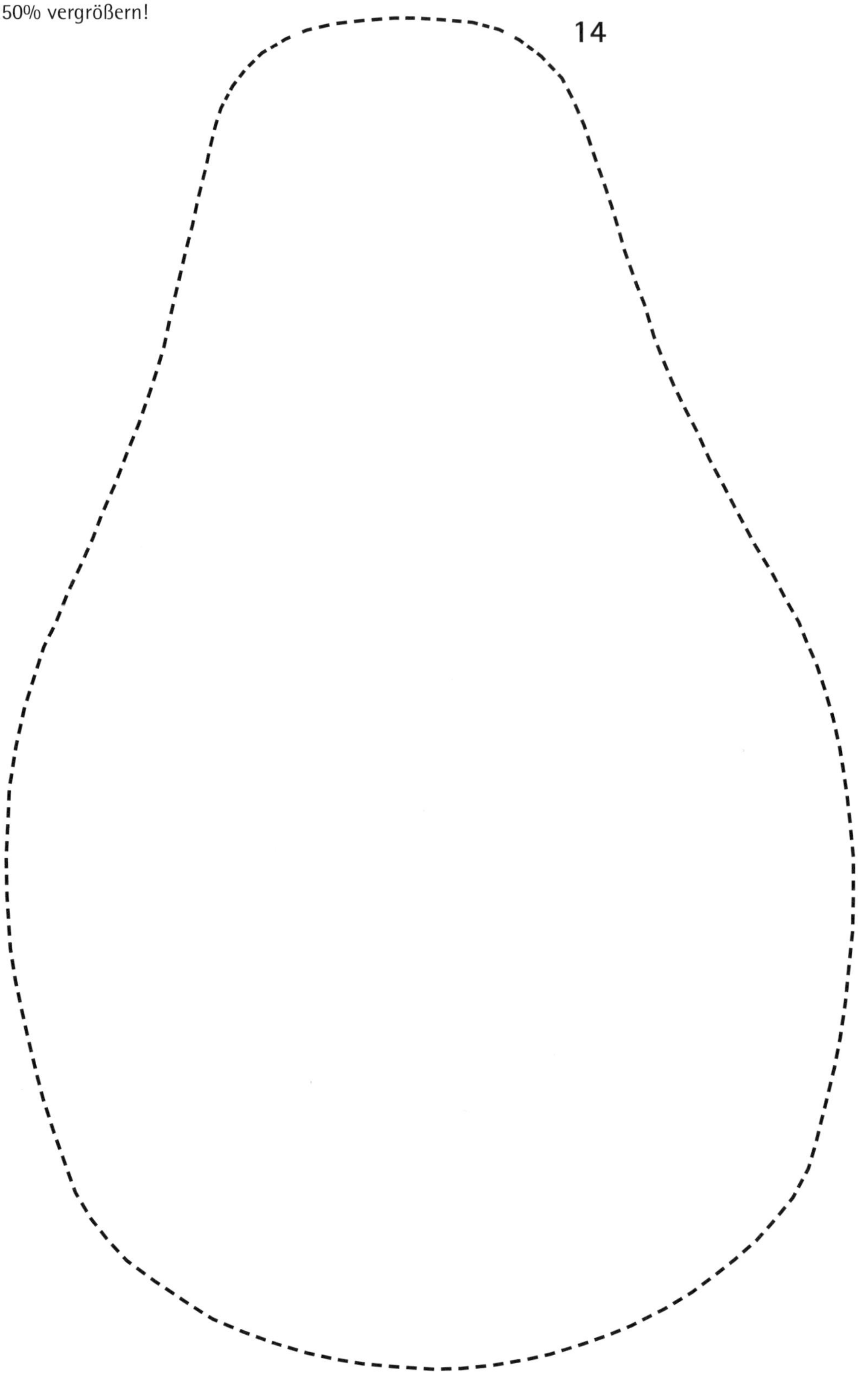

S. 64/65
Krokodil
Vorlage auf 150% vergrößern!

15

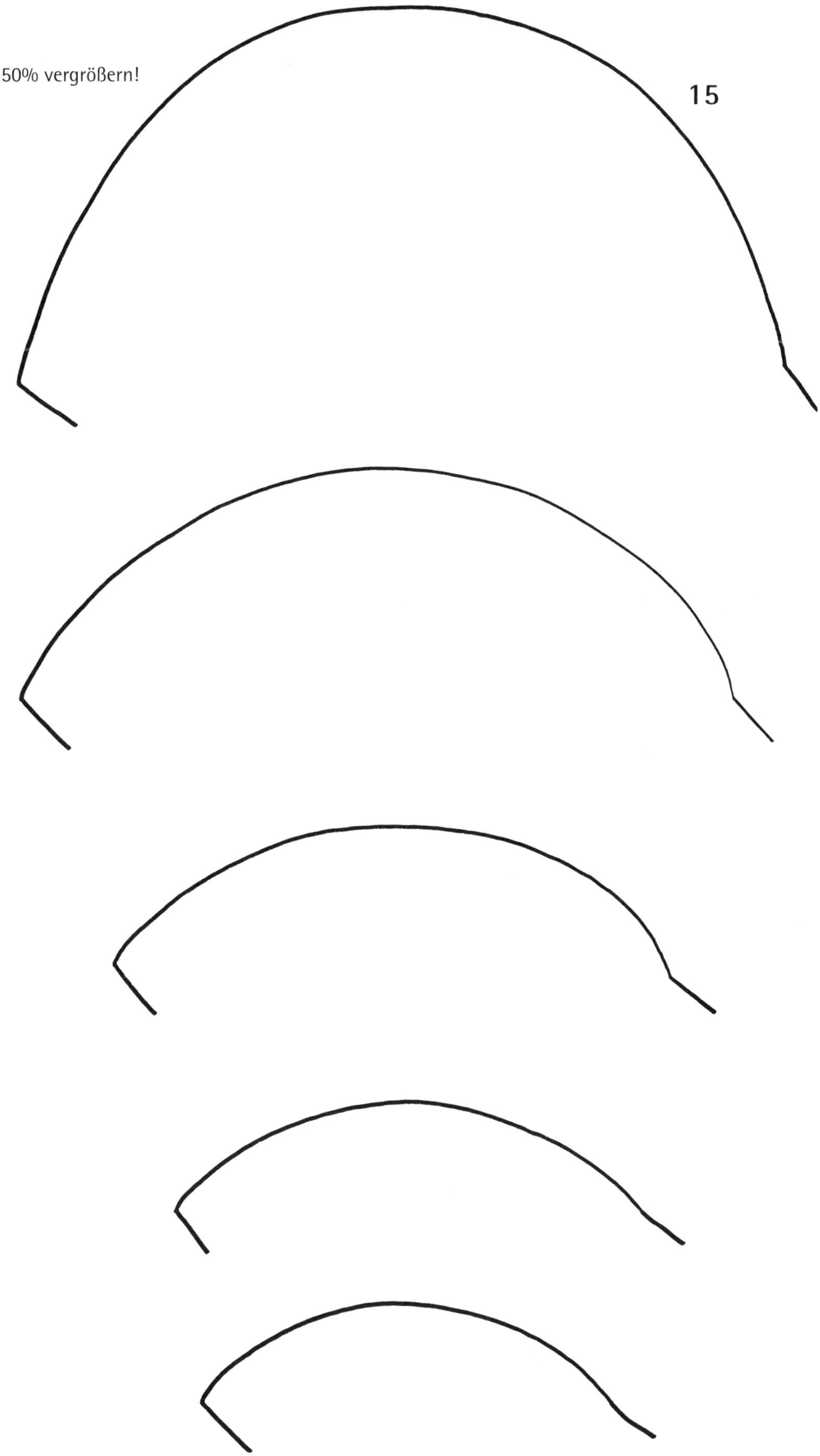

S. 64/65
Krokodil
Vorlage auf 200% vergrößern!

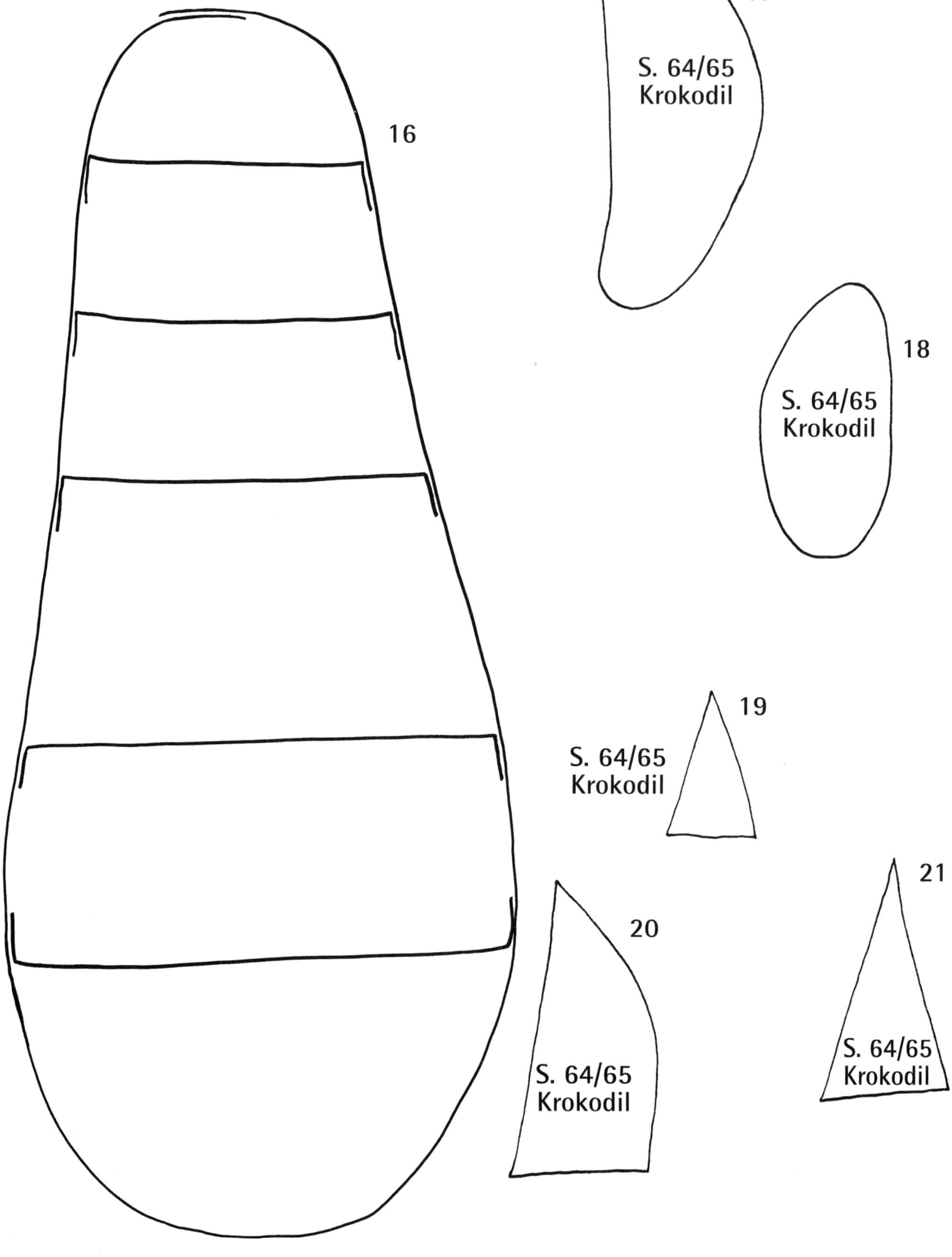

S. 69
Schräges Huhn

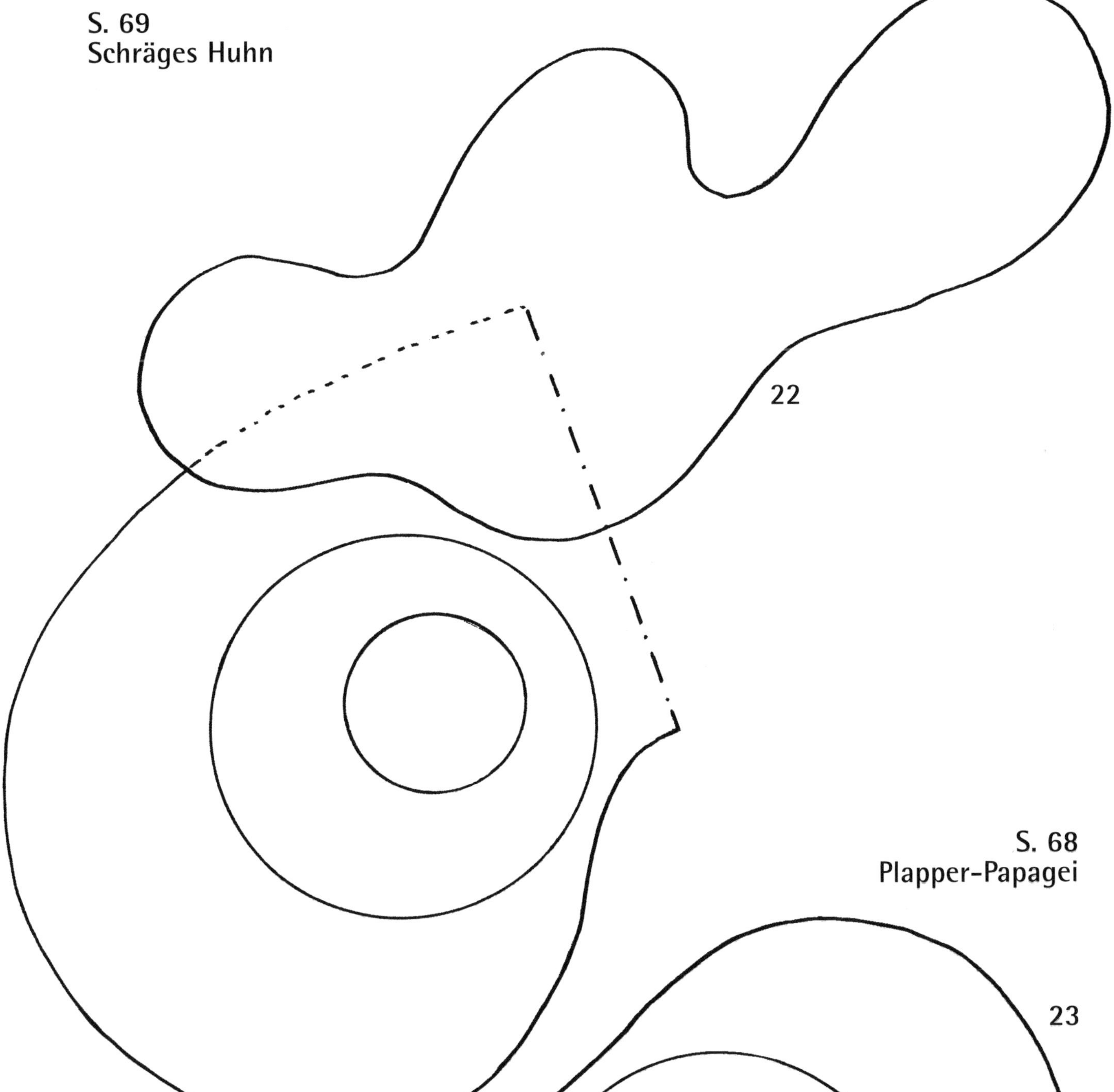

22

S. 68
Plapper-Papagei

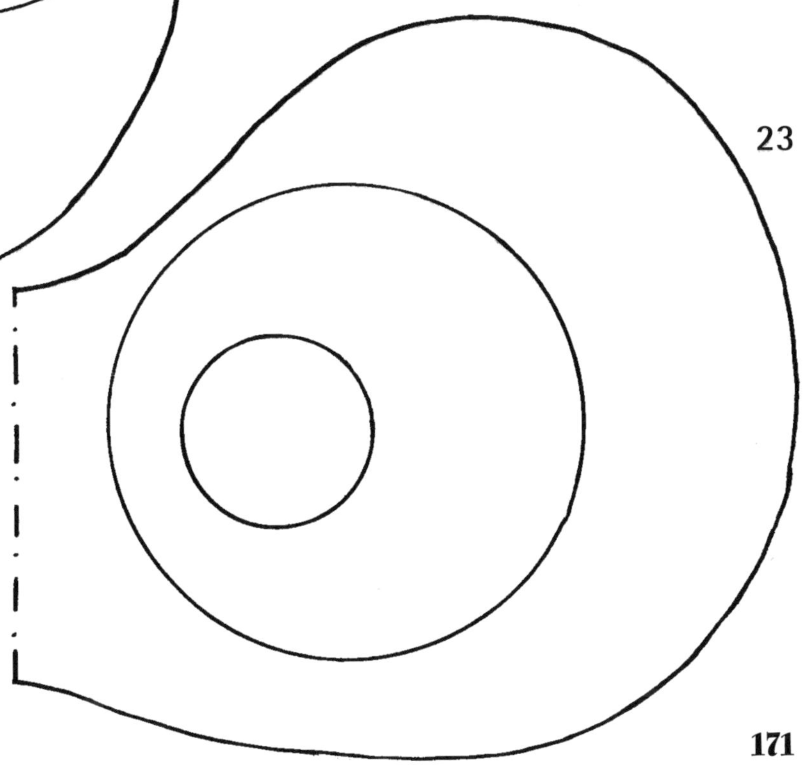

23

S. 68
Plapper-Papagei

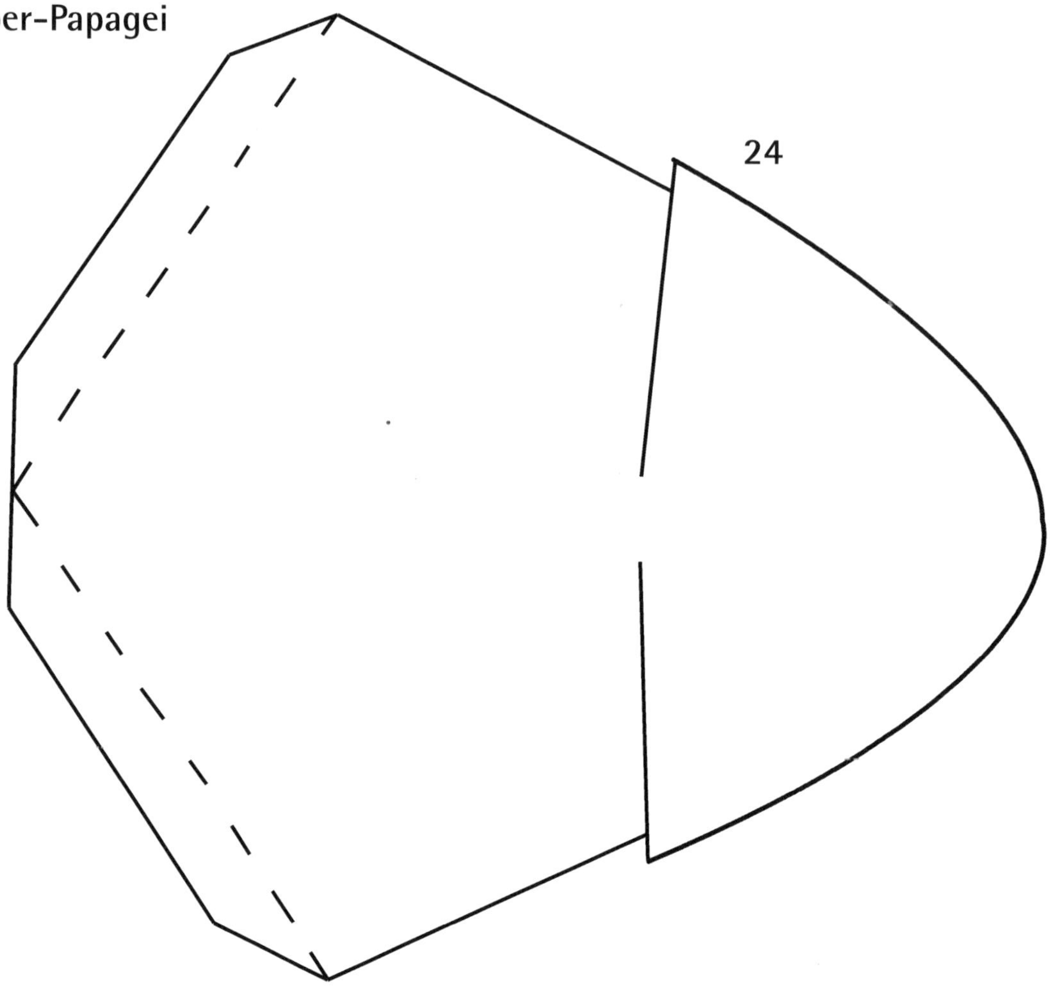

24

S. 69
Schräges Huhn

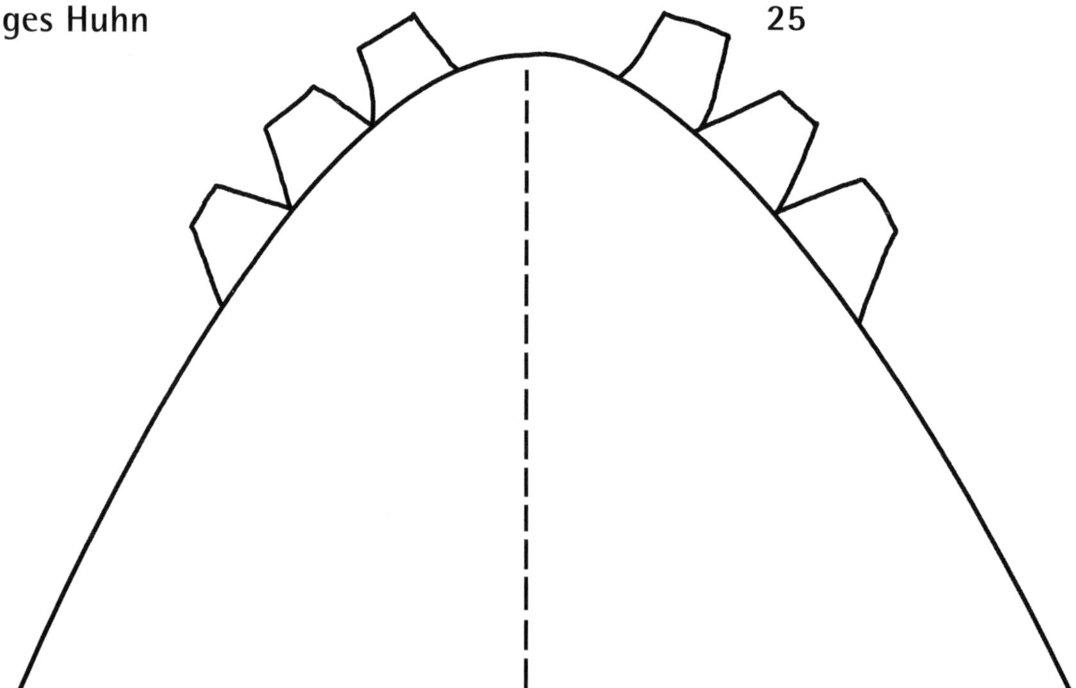

25

S. 70
Tierisch gute Masken
Vorlage auf 110% vergrößern!

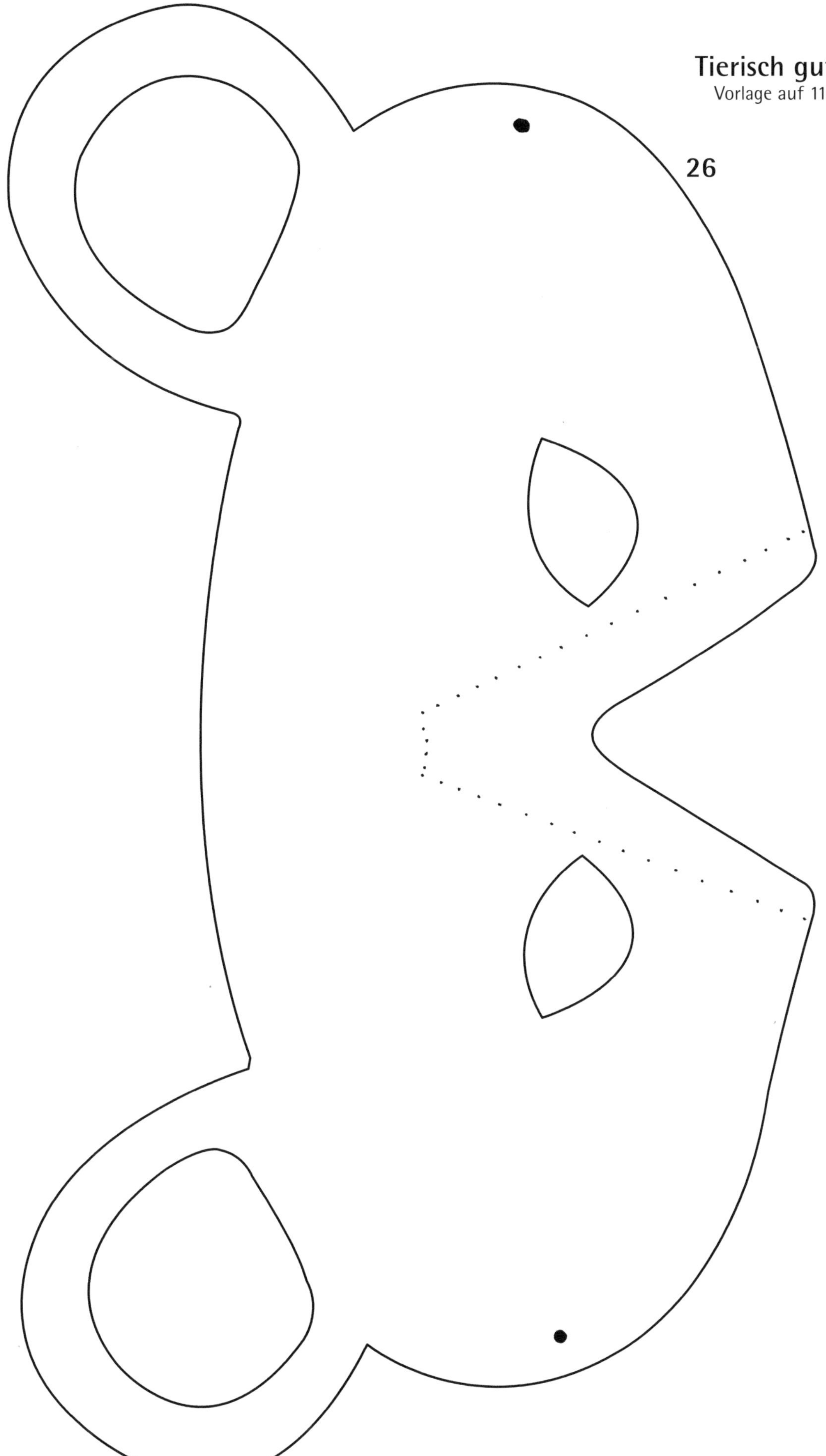

S. 71
Tierisch gute Masken
Vorlage auf 150% vergrößern!

27

S. 71
Tierisch gute Masken
Vorlage auf 125% vergrößern!

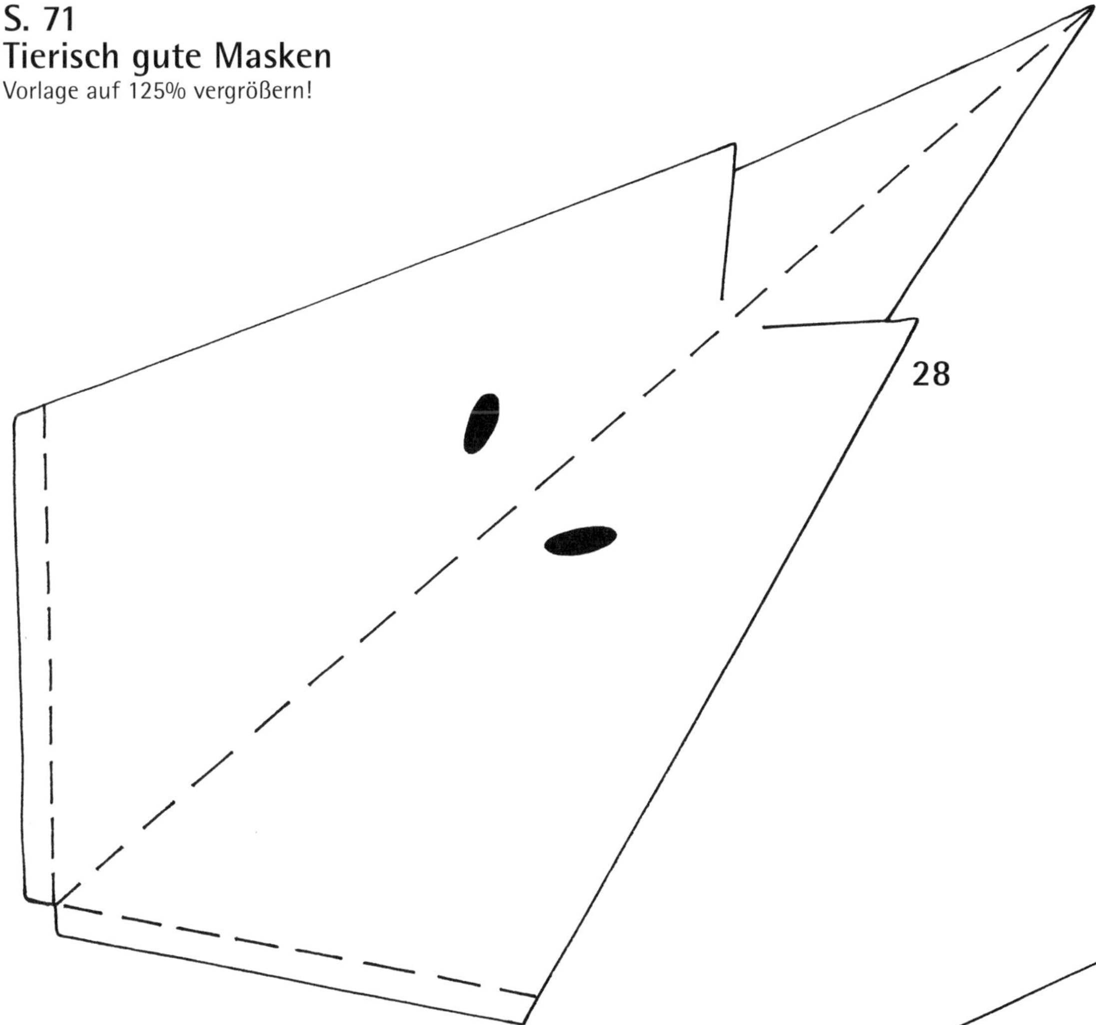

28

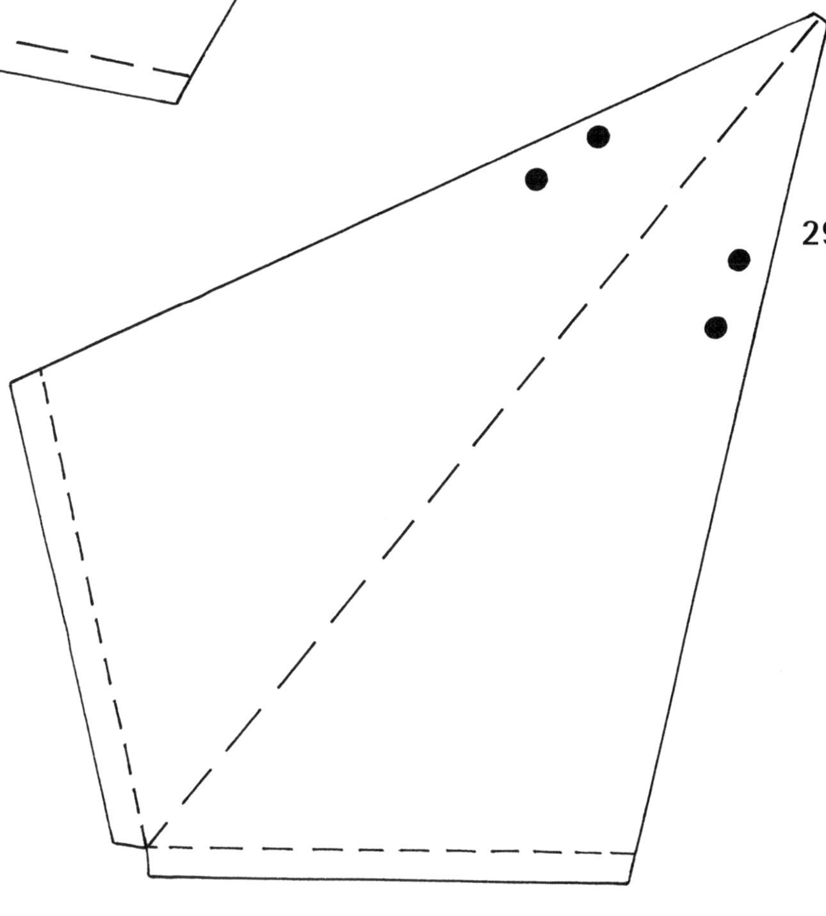

29

S. 70
Tierisch gute Masken
Vorlage auf 125% vergrößern!

S. 72/73
Langnasen-Elefant
Vorlage auf 125% vergrößern!

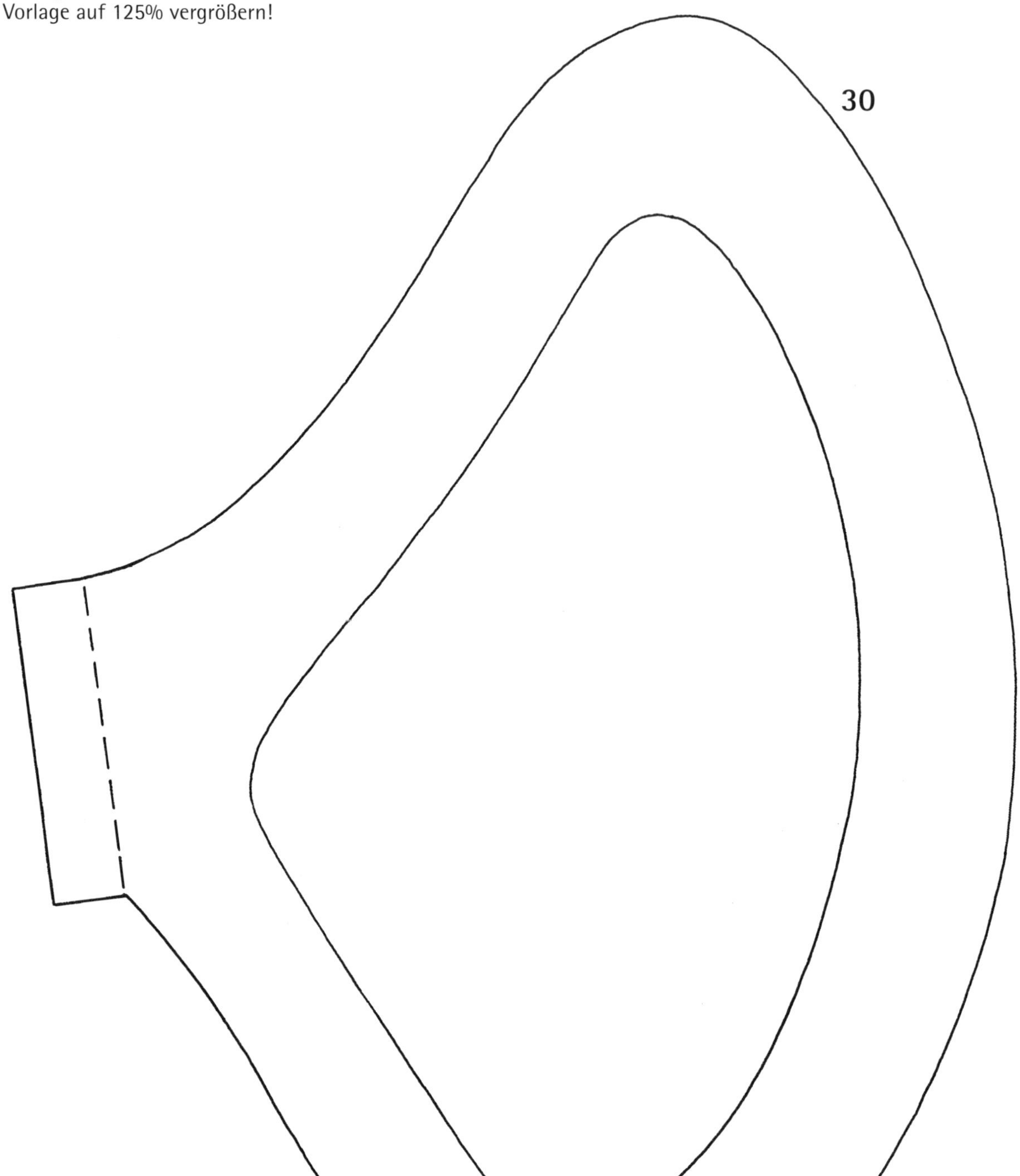

S. 72/73
Langnasen-Elefant
Vorlage auf 125% vergrößern!

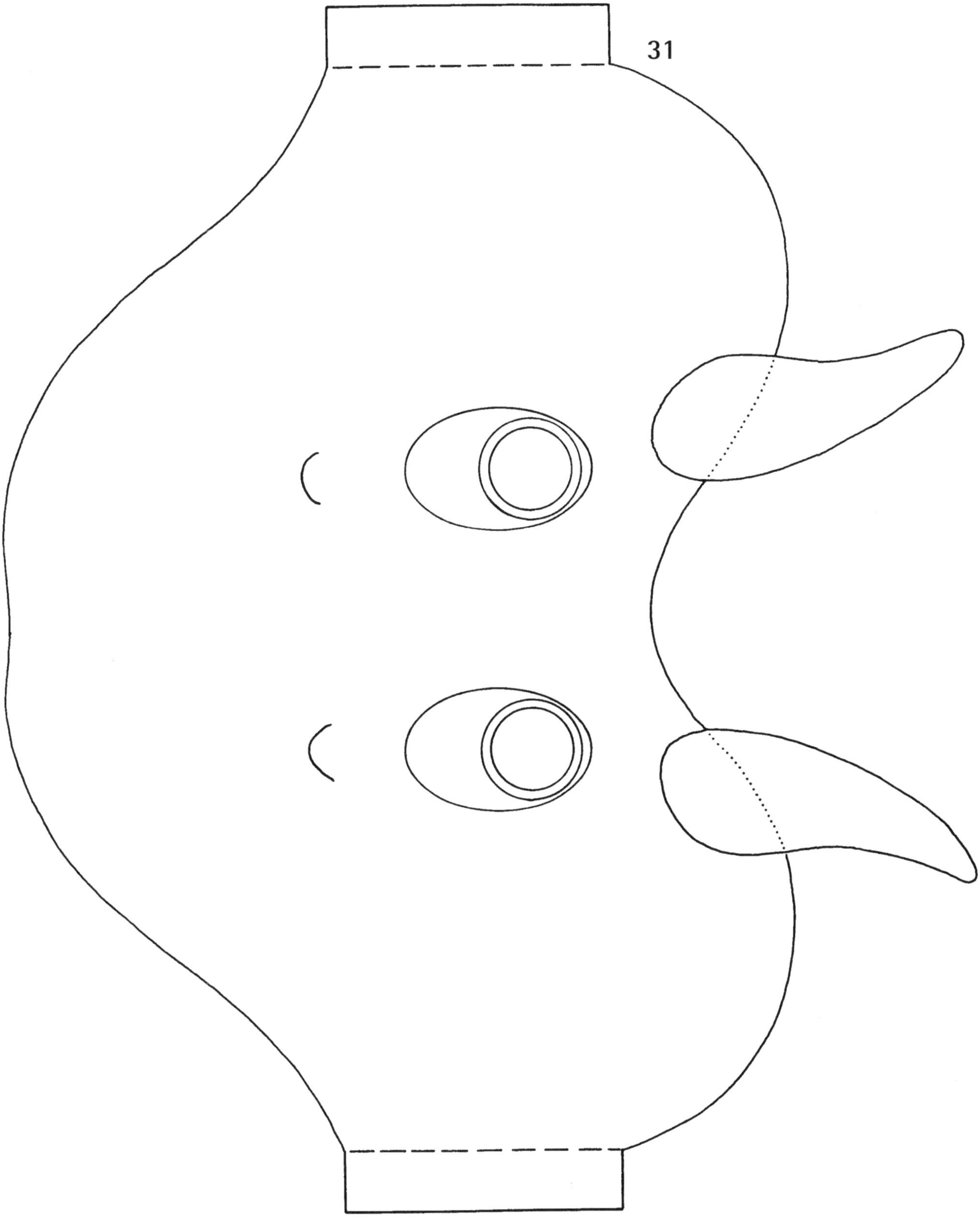

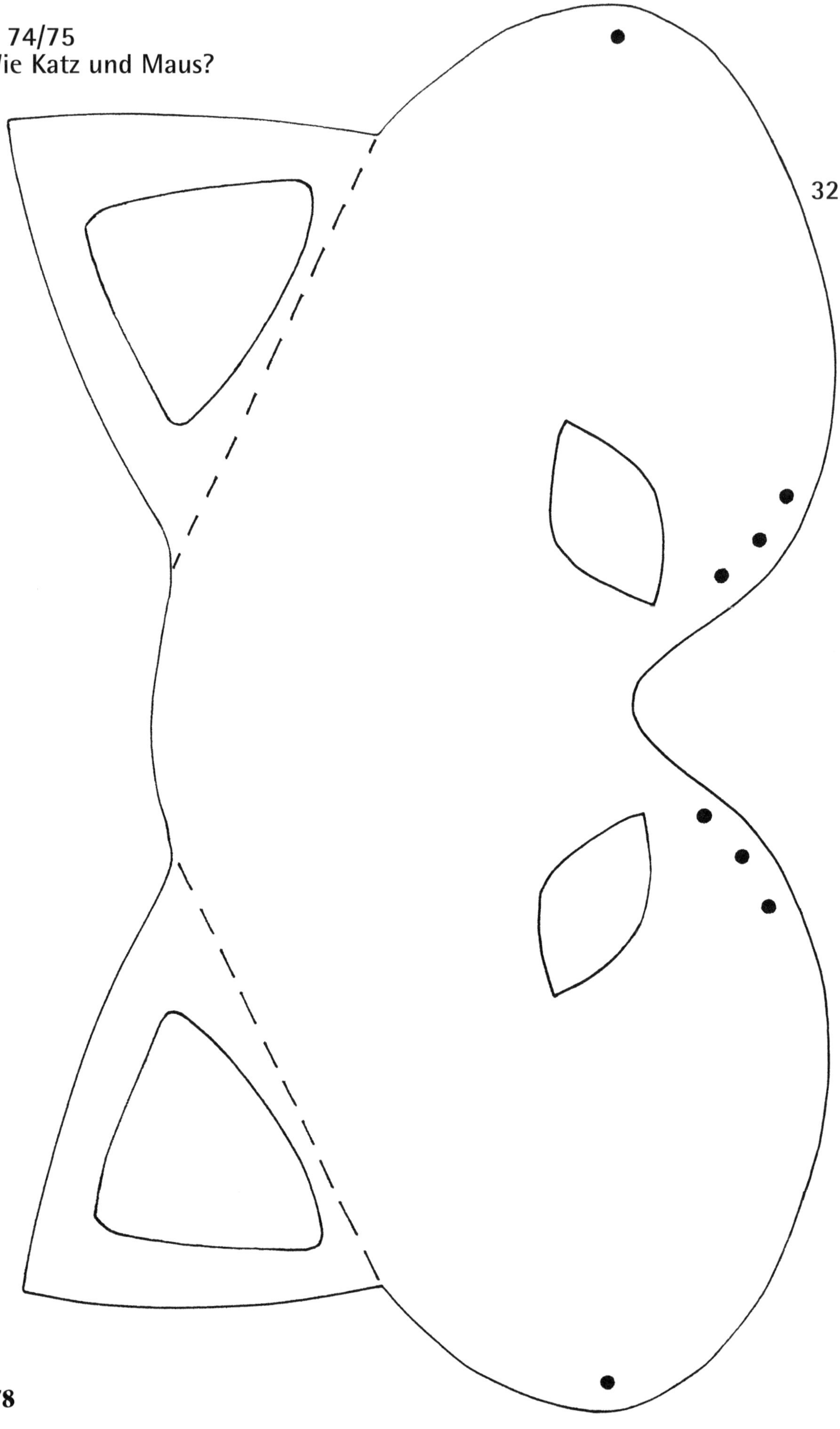
32

Wie Katz und Maus?

Vorlage auf 125% vergrößern!

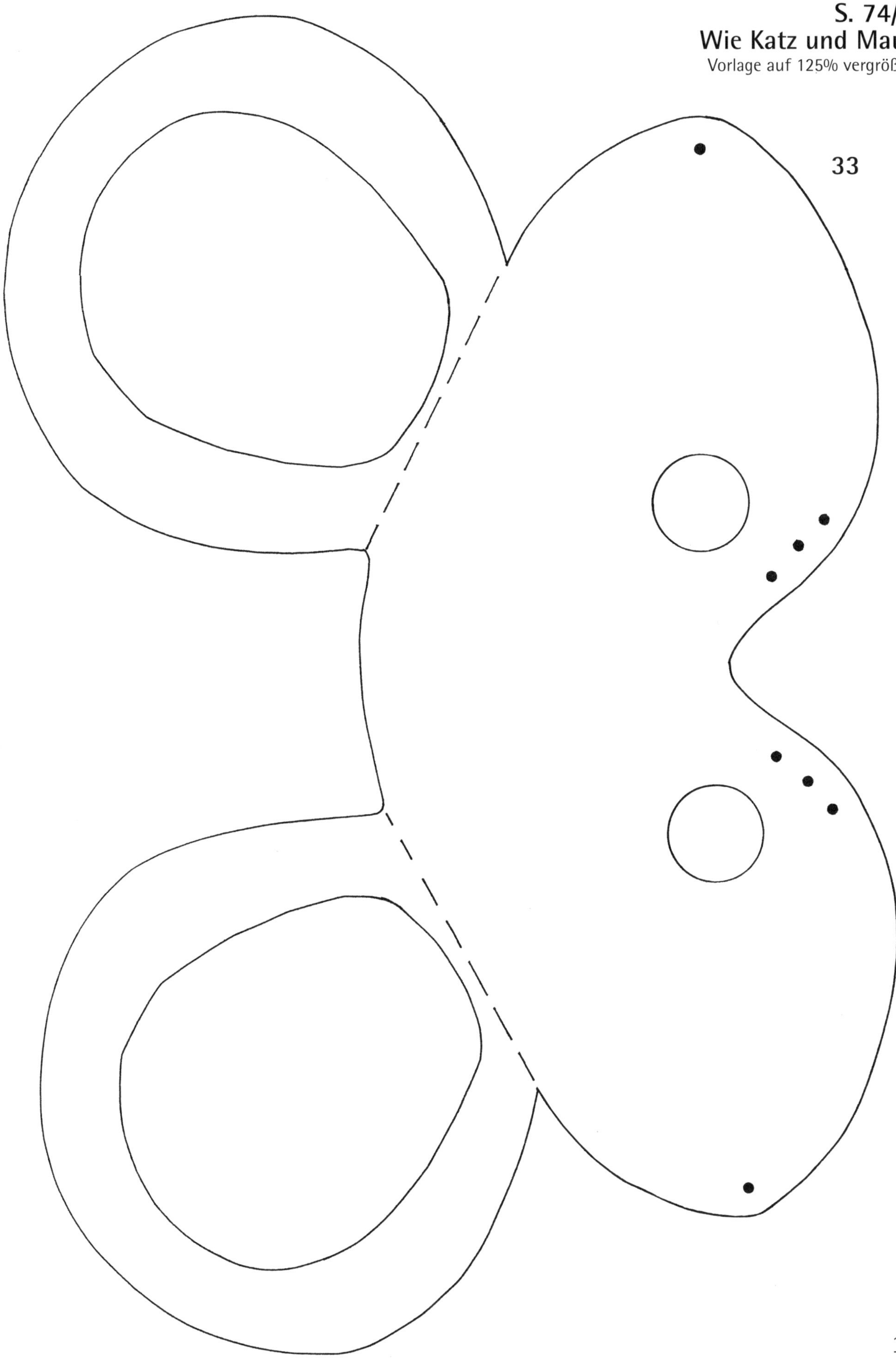

S. 76
Sonnige Zeiten
Vorlage auf 200% vergrößern!

34

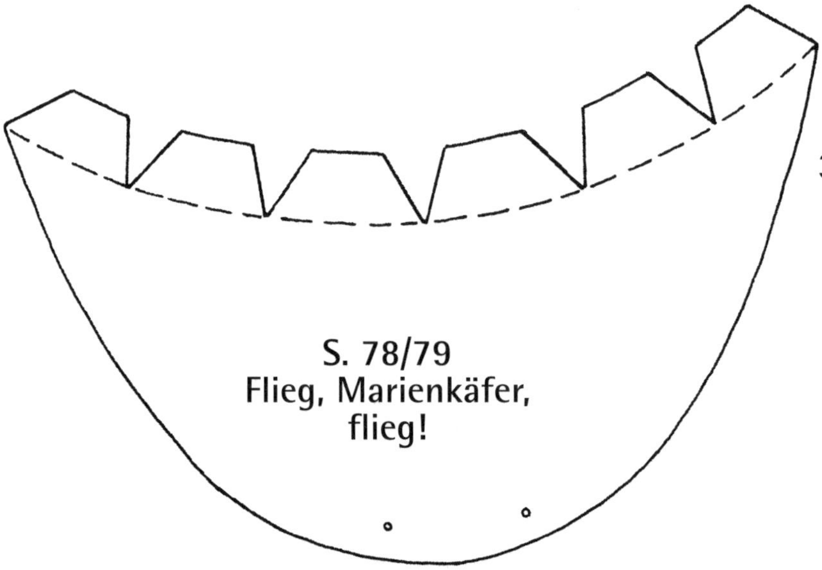

35

S. 78/79
Flieg, Marienkäfer, flieg!

S. 78/79
Flieg, Marienkäfer, flieg!
Vorlage auf 110% vergrößern!

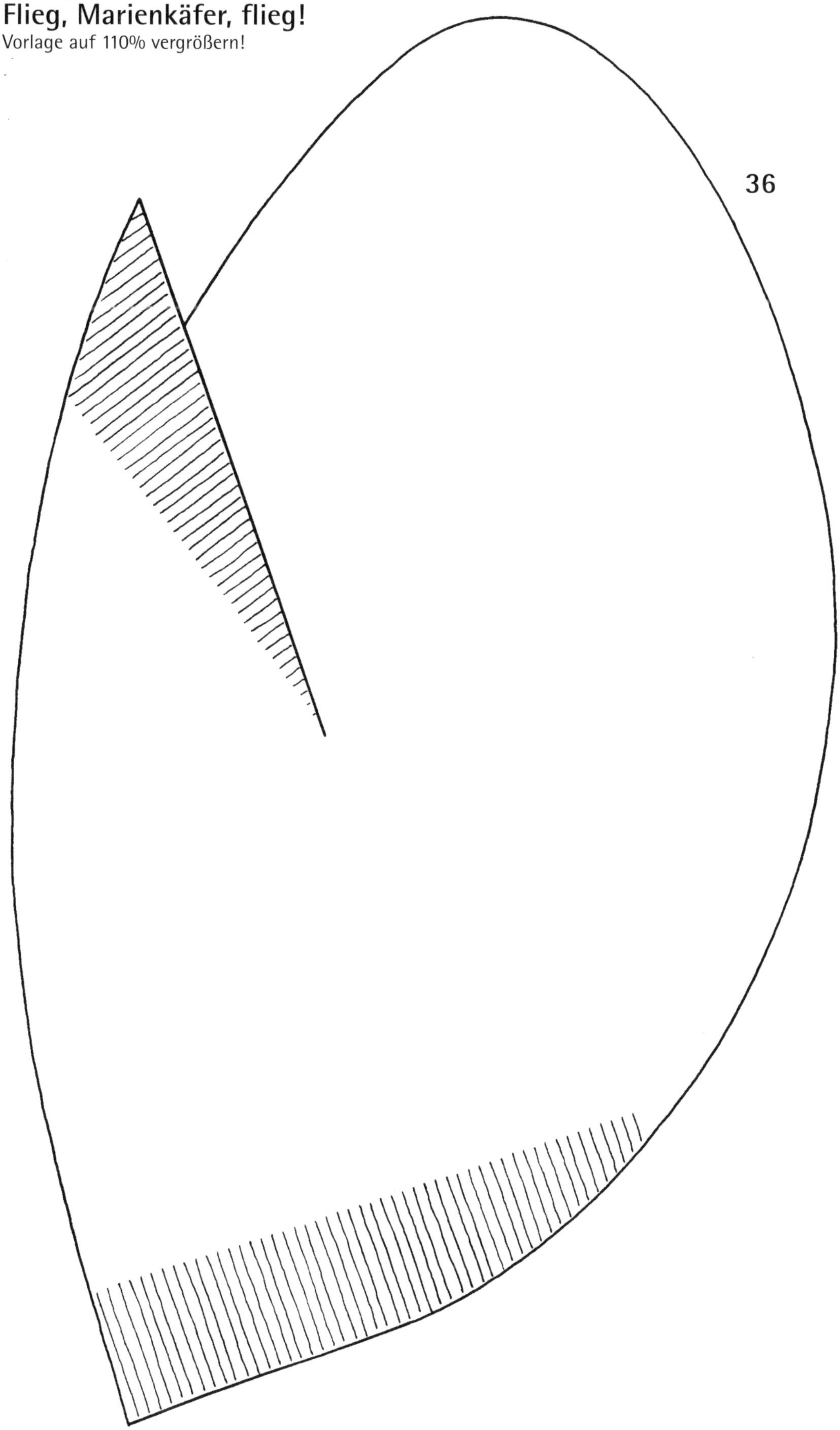

S. 80/81
Miss Piggy trifft Eule Eulalia
Vorlage auf 125% vergrößern!

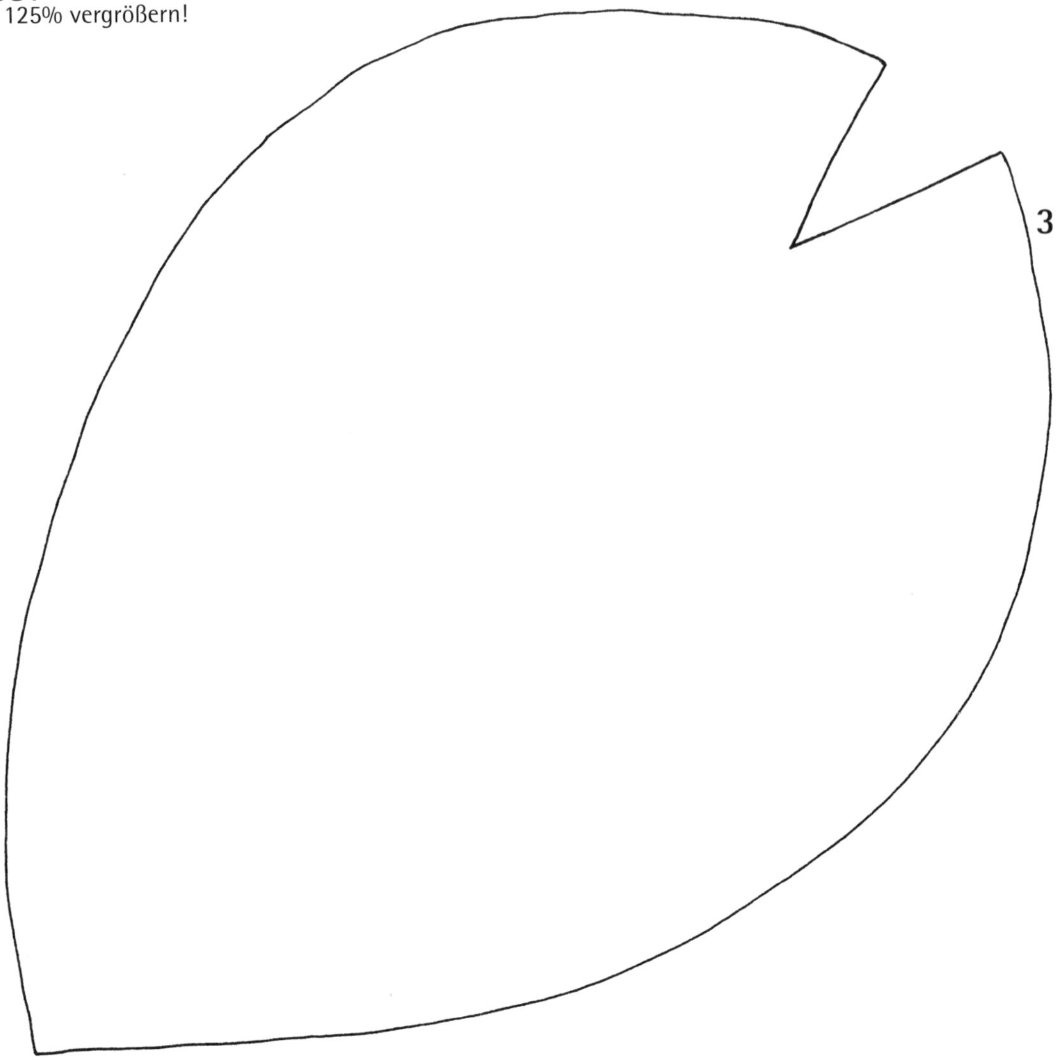

37

S. 80/81
Miss Piggy trifft Eule Eulalia

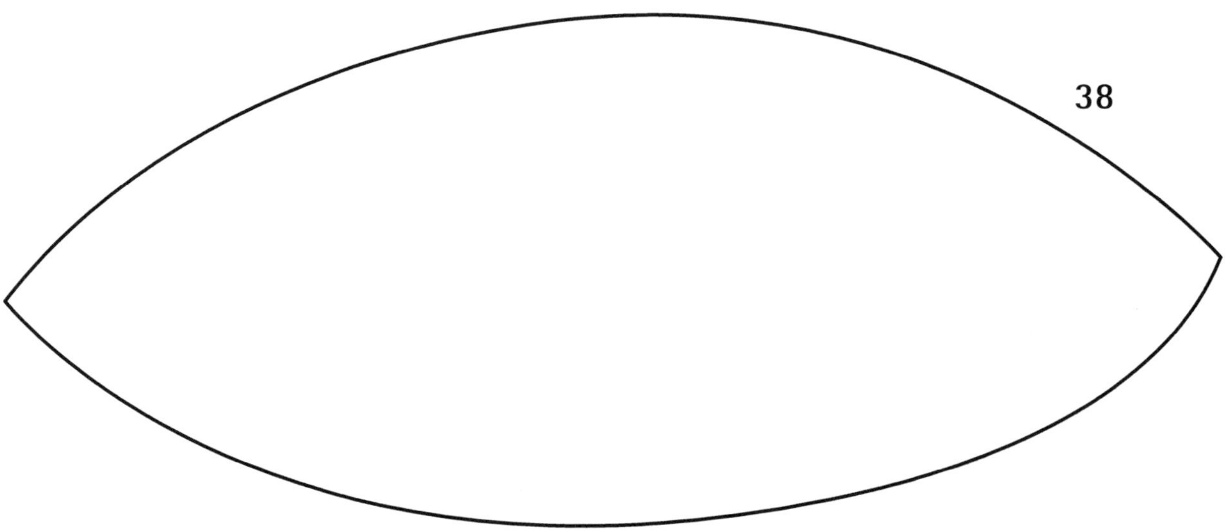

38

S. 80/81
Miss Piggy trifft Eule Eulalia

Vorlage auf 125% vergrößern!

39

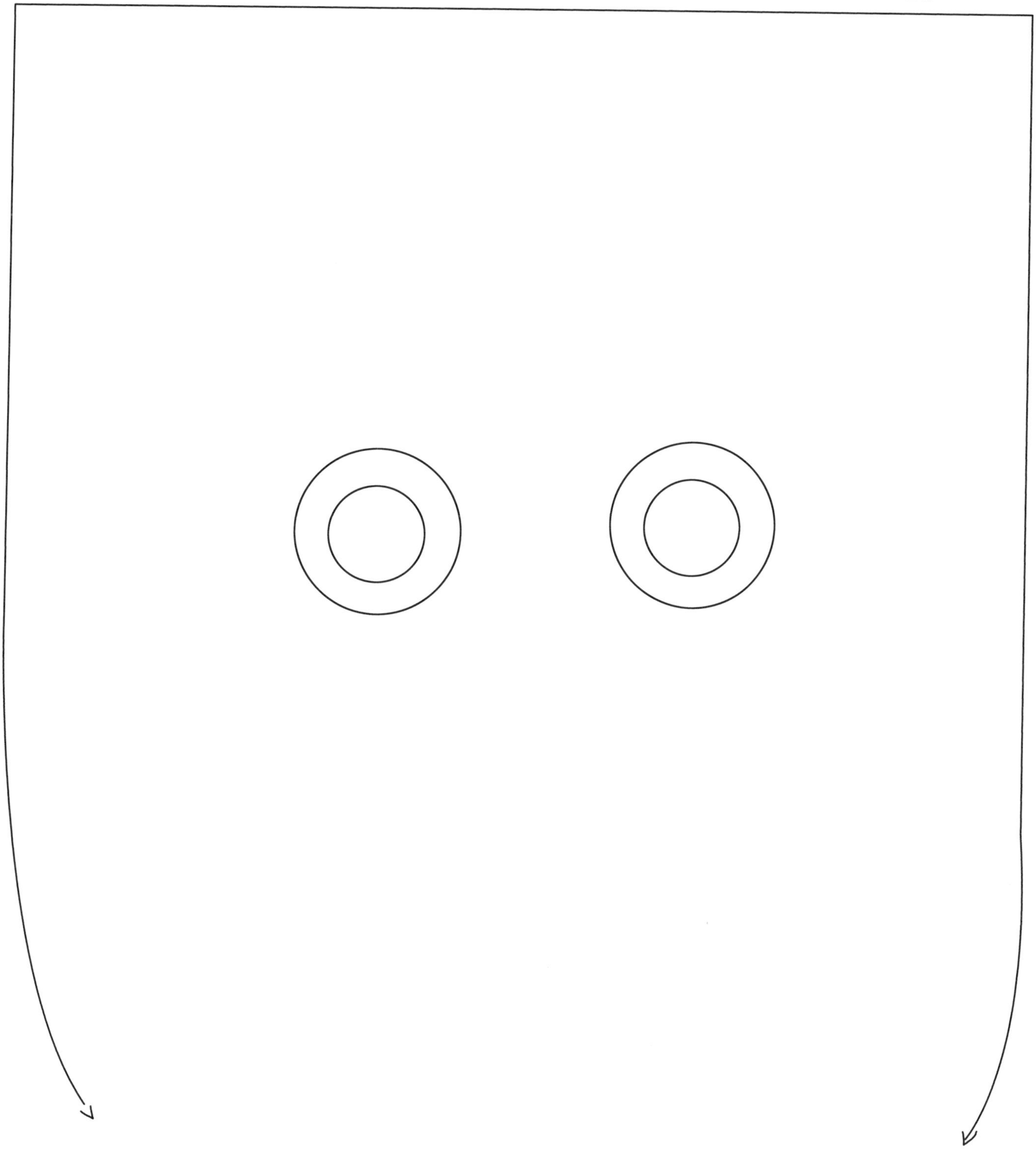

S. 80/81
Miss Piggy
trifft Eule Eulalia

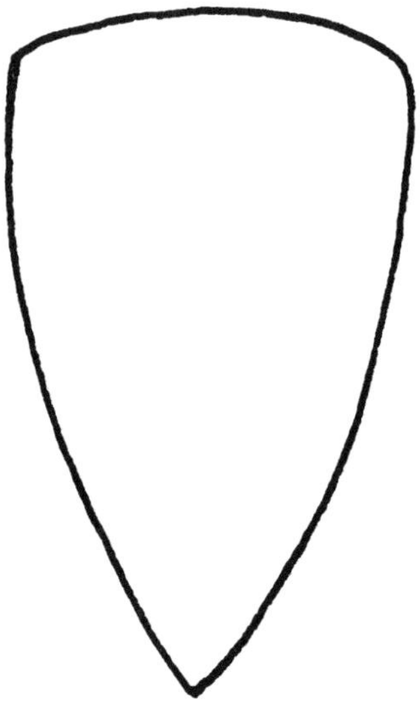

40

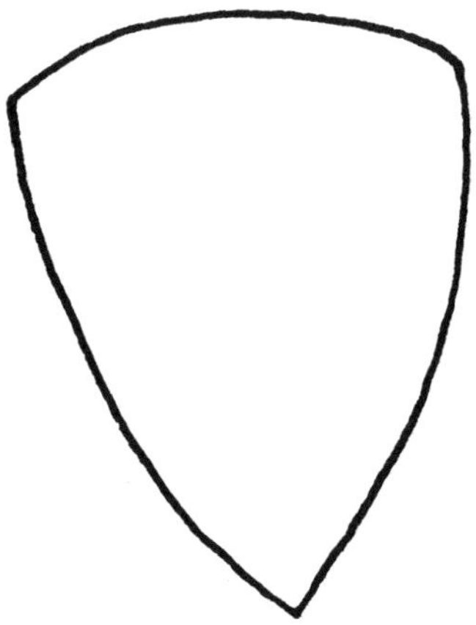

41

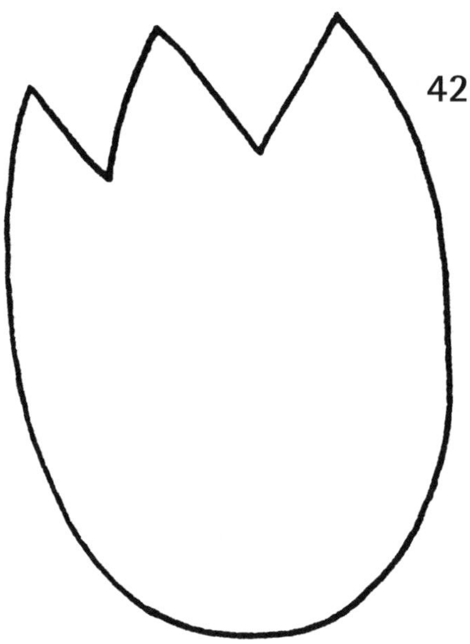

42

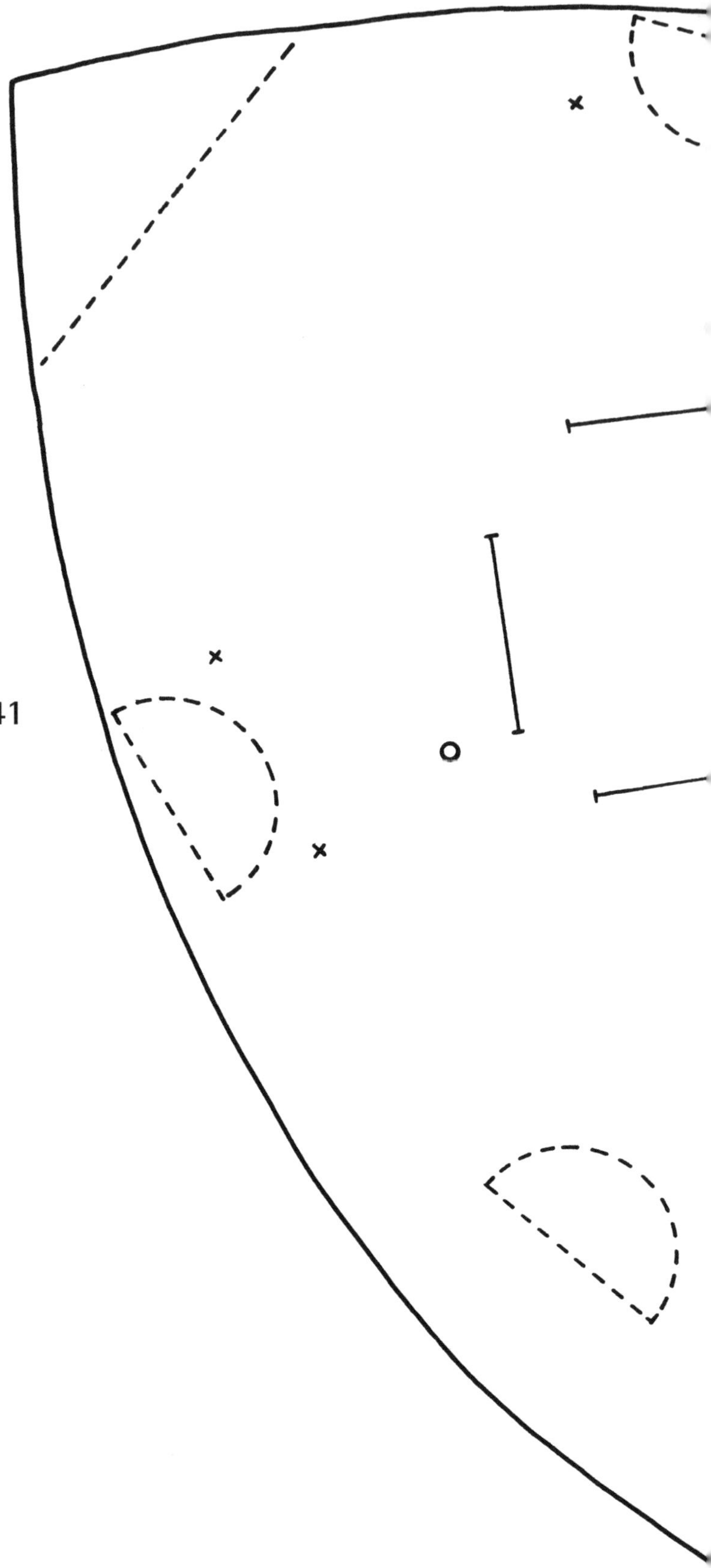

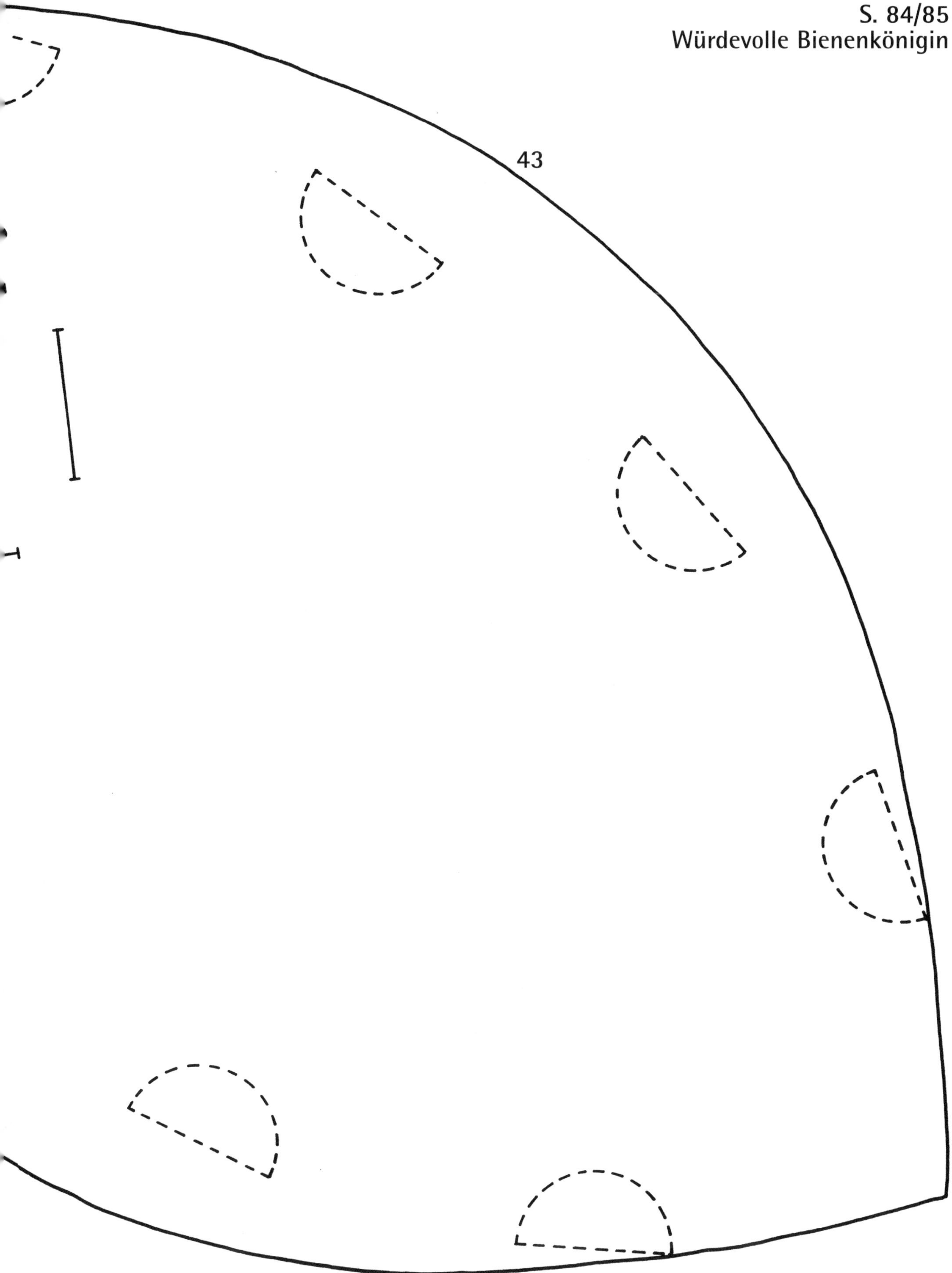
43

S. 84/85
Würdevolle Bienenkönigin
Vorlage auf 110% vergrößern!

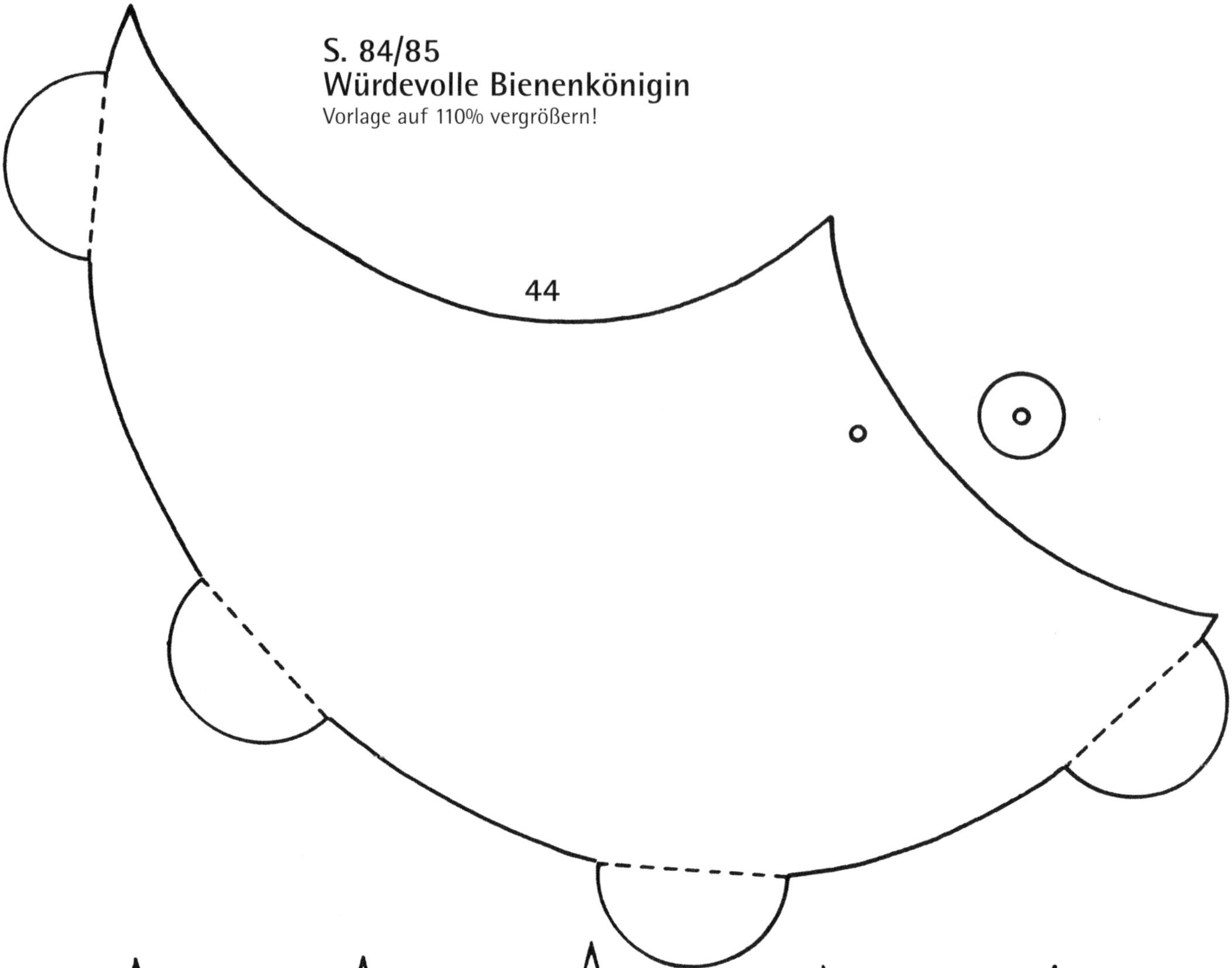

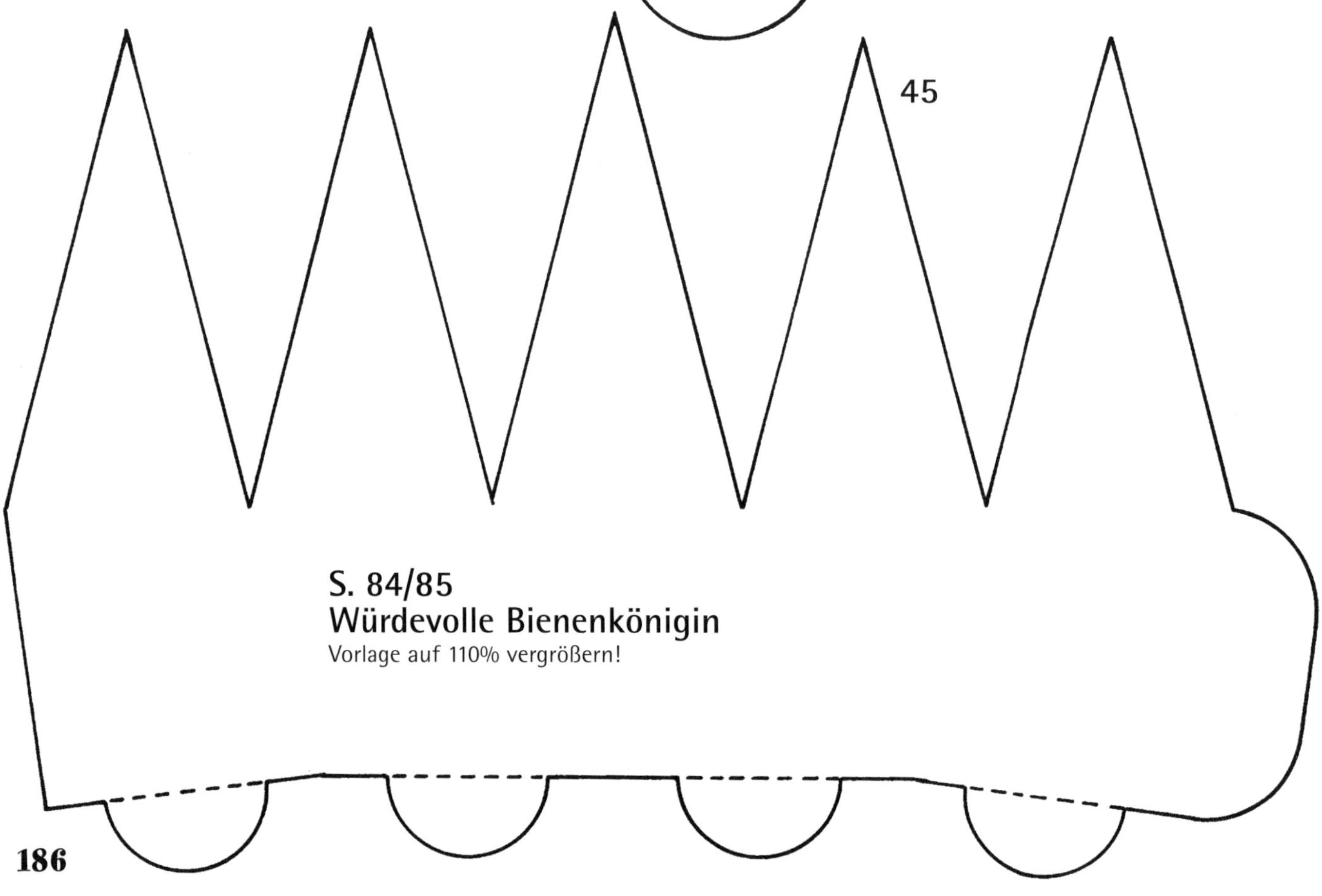

S. 84/85
Würdevolle Bienenkönigin
Vorlage auf 110% vergrößern!

S. 84/85
Würdevolle Bienenkönigin

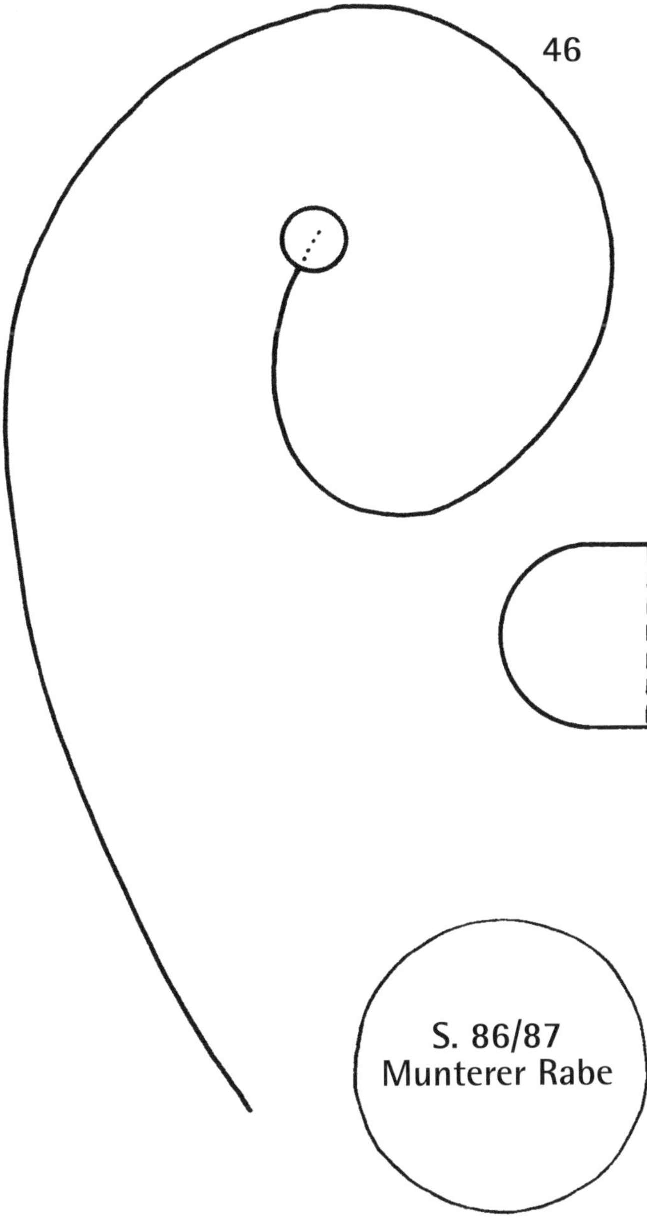

46

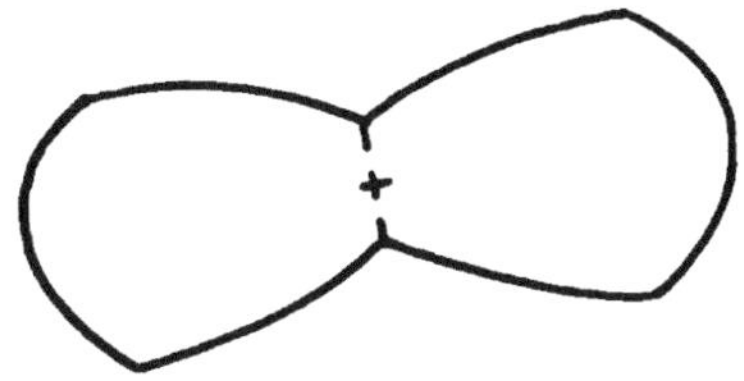

47

S. 84/85
Würdevolle Bienenkönigin

48

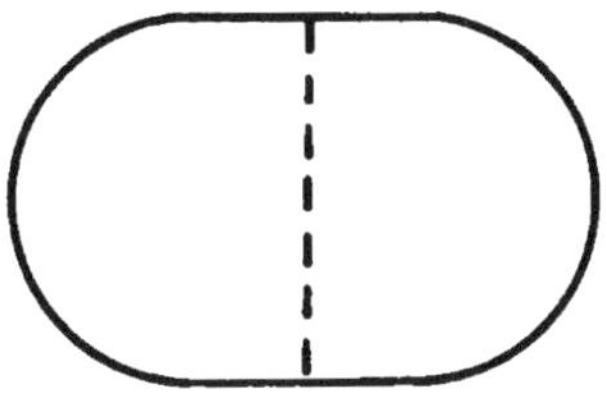

49

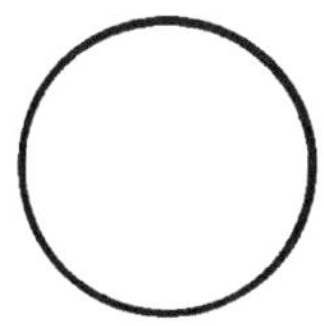

50

S. 86/87
Munterer Rabe

51

52

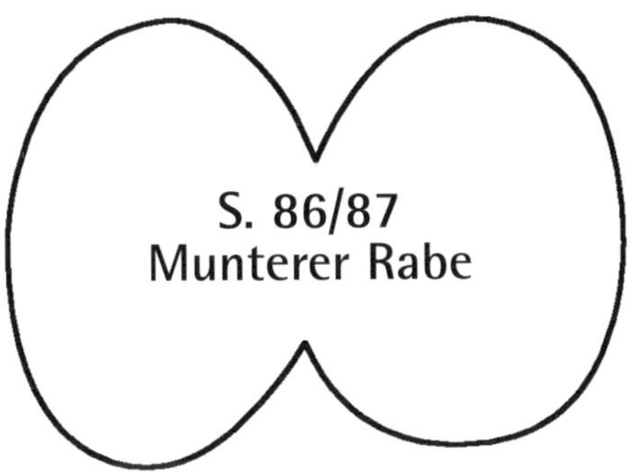

53

S. 86/87
Munterer Rabe

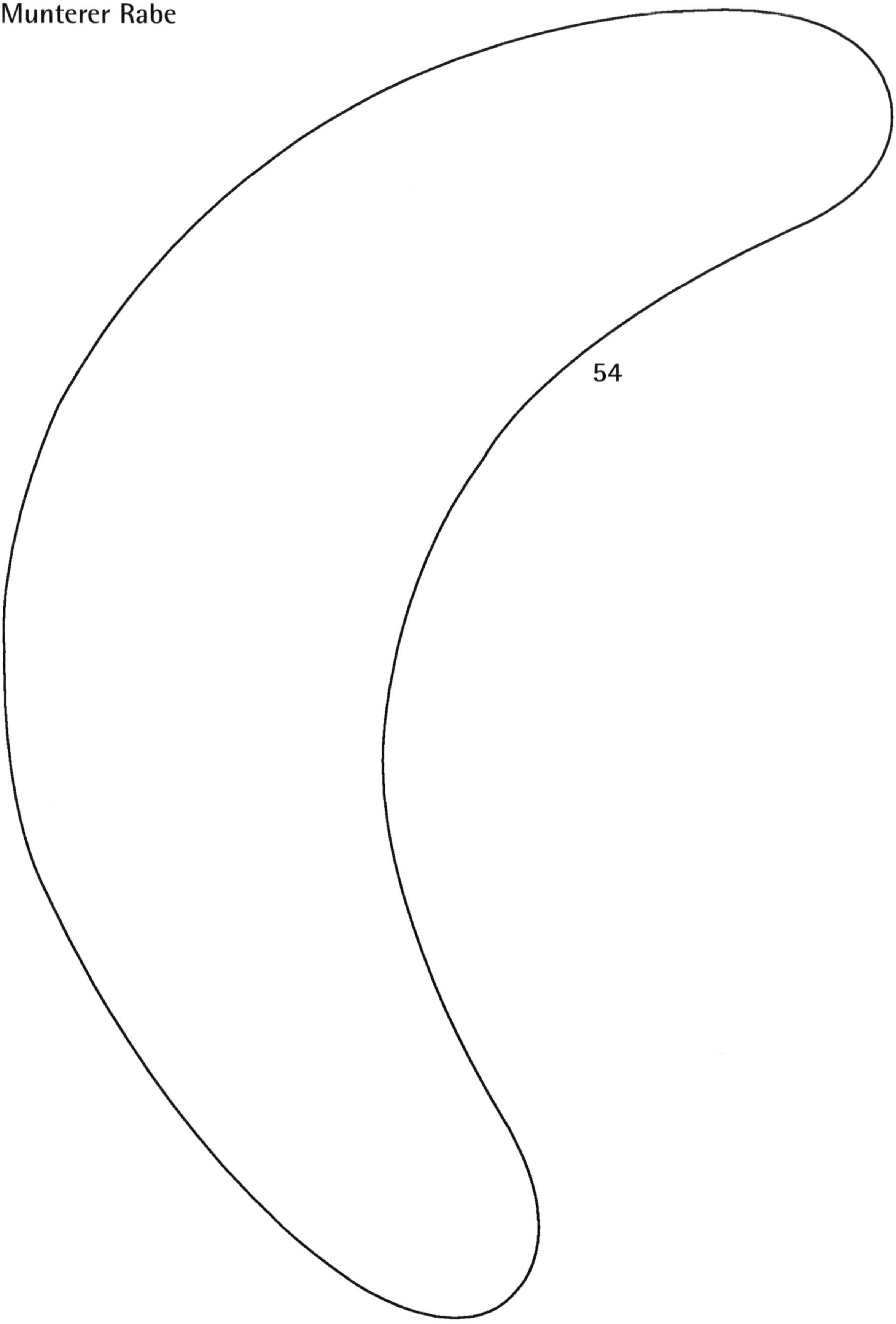

S. 86/87
Munterer Rabe

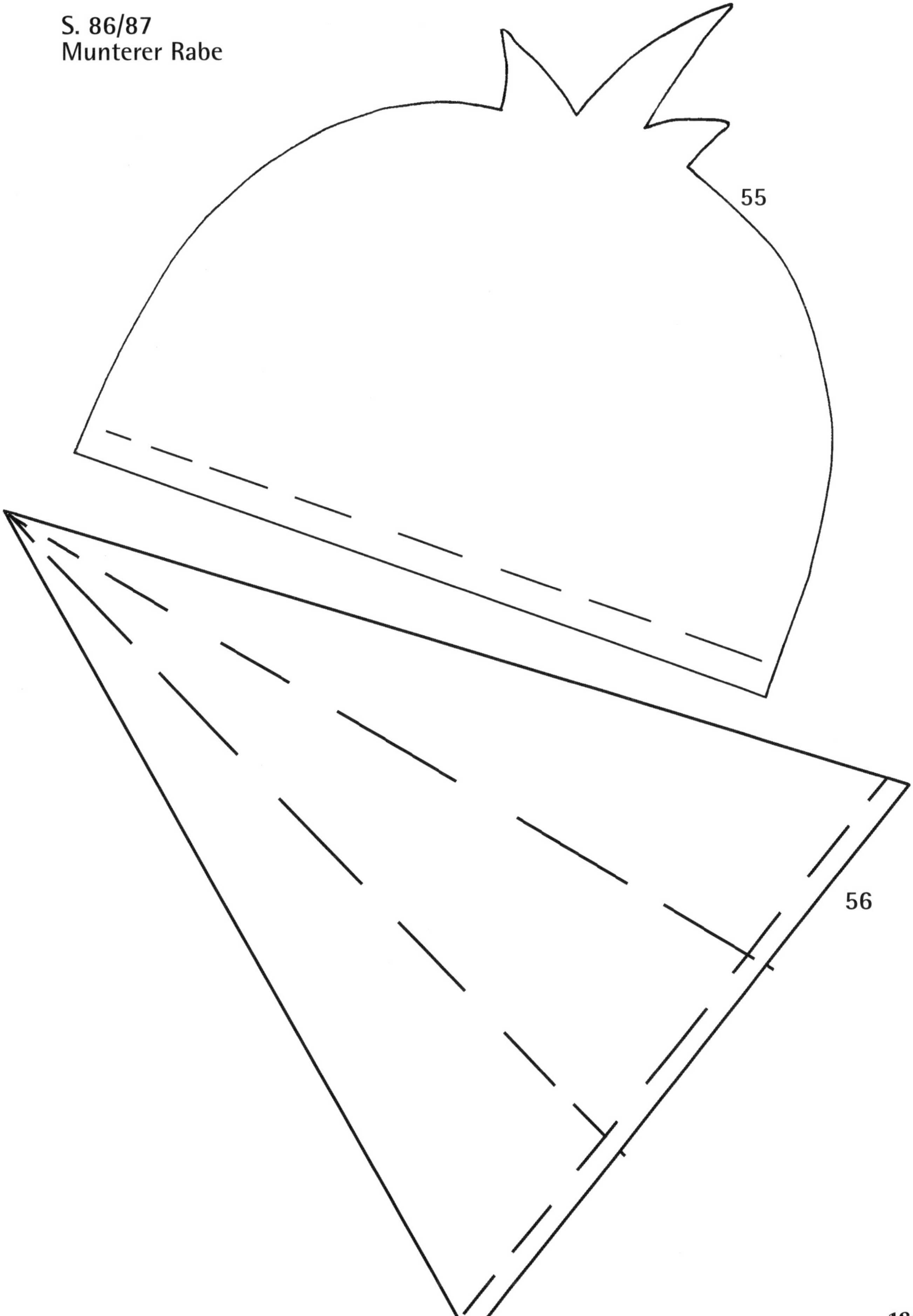

57

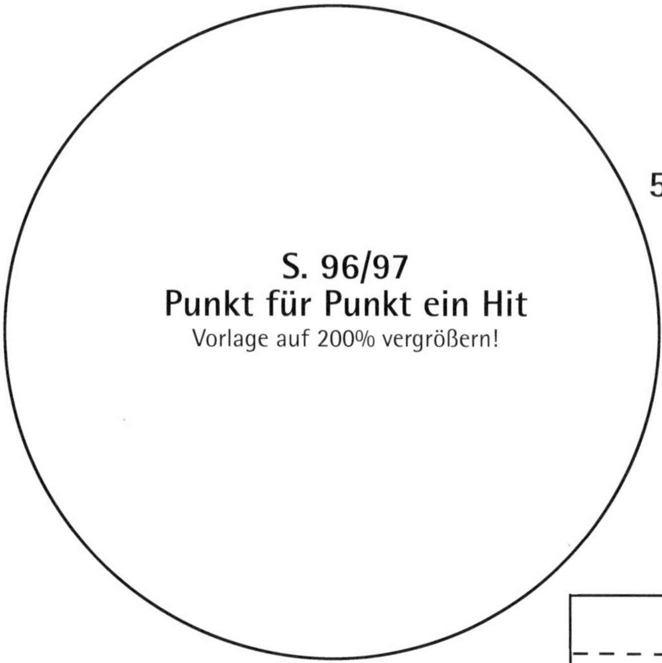
S. 96/97
Punkt für Punkt ein Hit
Vorlage auf 200% vergrößern!

58

S. 96/97
Punkt für Punkt
ein Hit

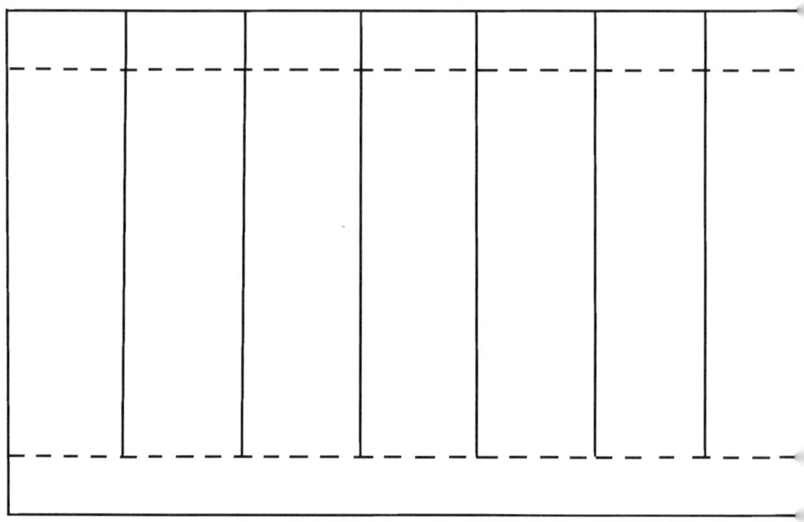

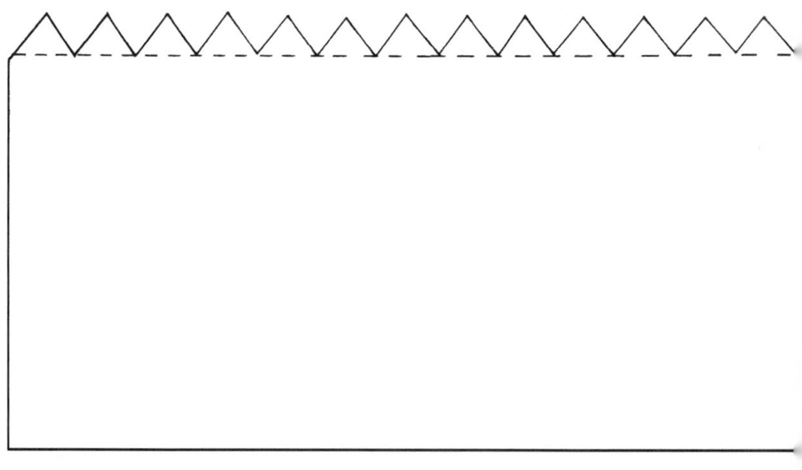

S. 96/97
Punkt für Punkt ein Hit
Vorlage auf 200% vergrößern!

59

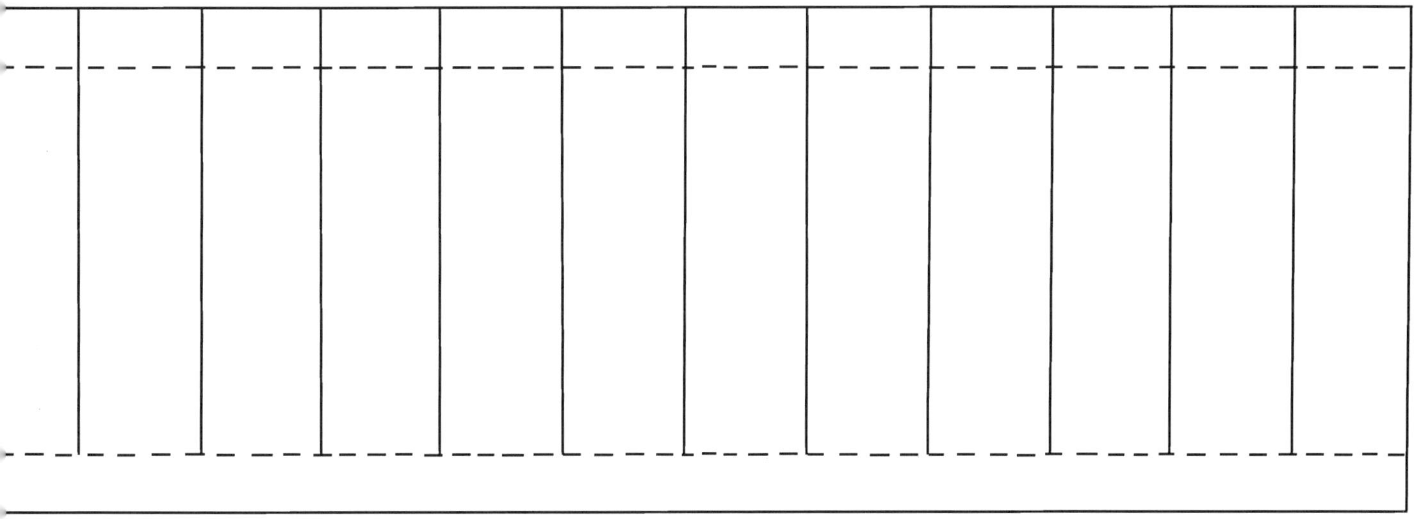

60

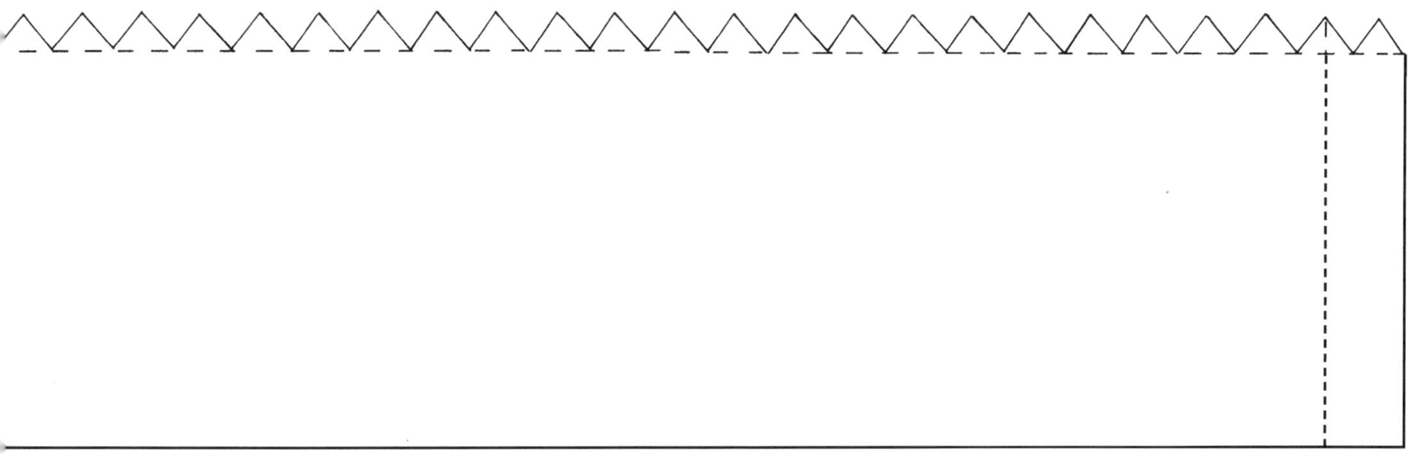

S. 96/97
Punkt für Punkt ein Hit
Vorlage auf 200% vergrößern!

S. 102/103
Beppo, der Clown

Vorlage auf 150% vergrößern!

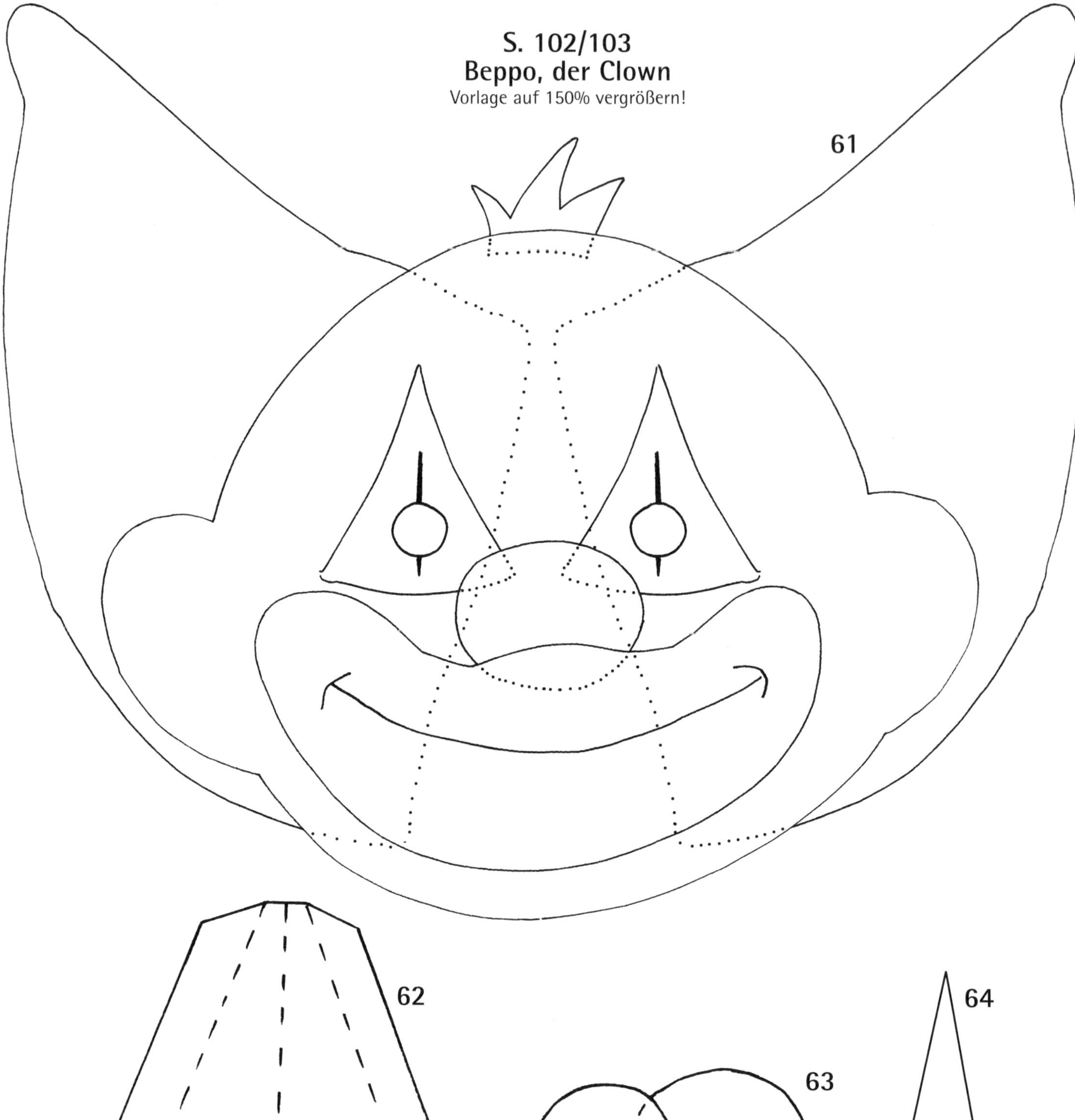

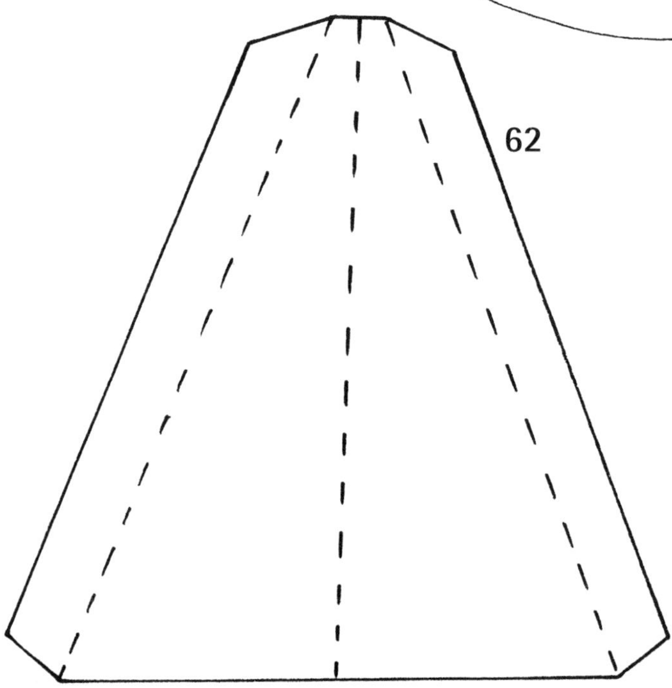

S. 106/107
Wer hat hier Angst?

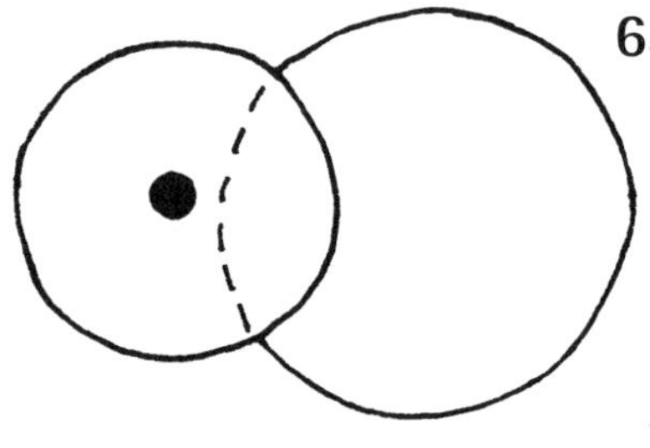

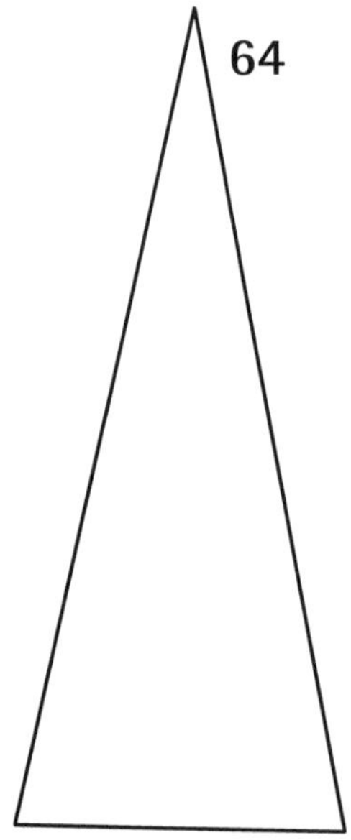

S. 106/107
Wer hat hier Angst?

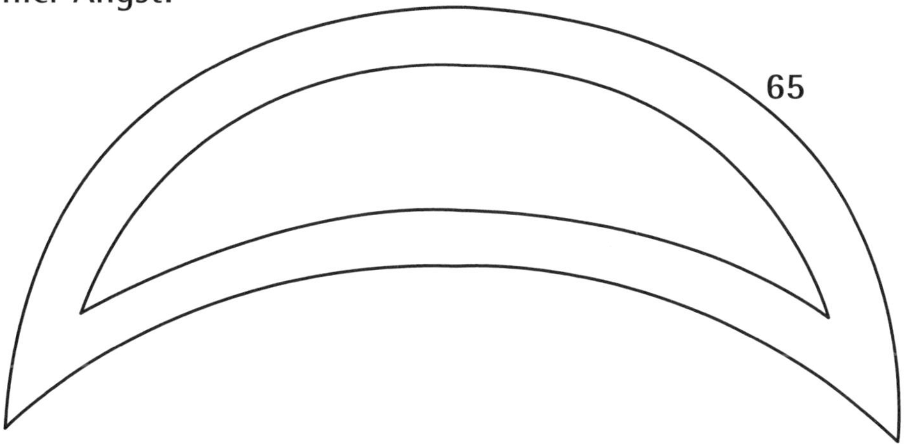

65

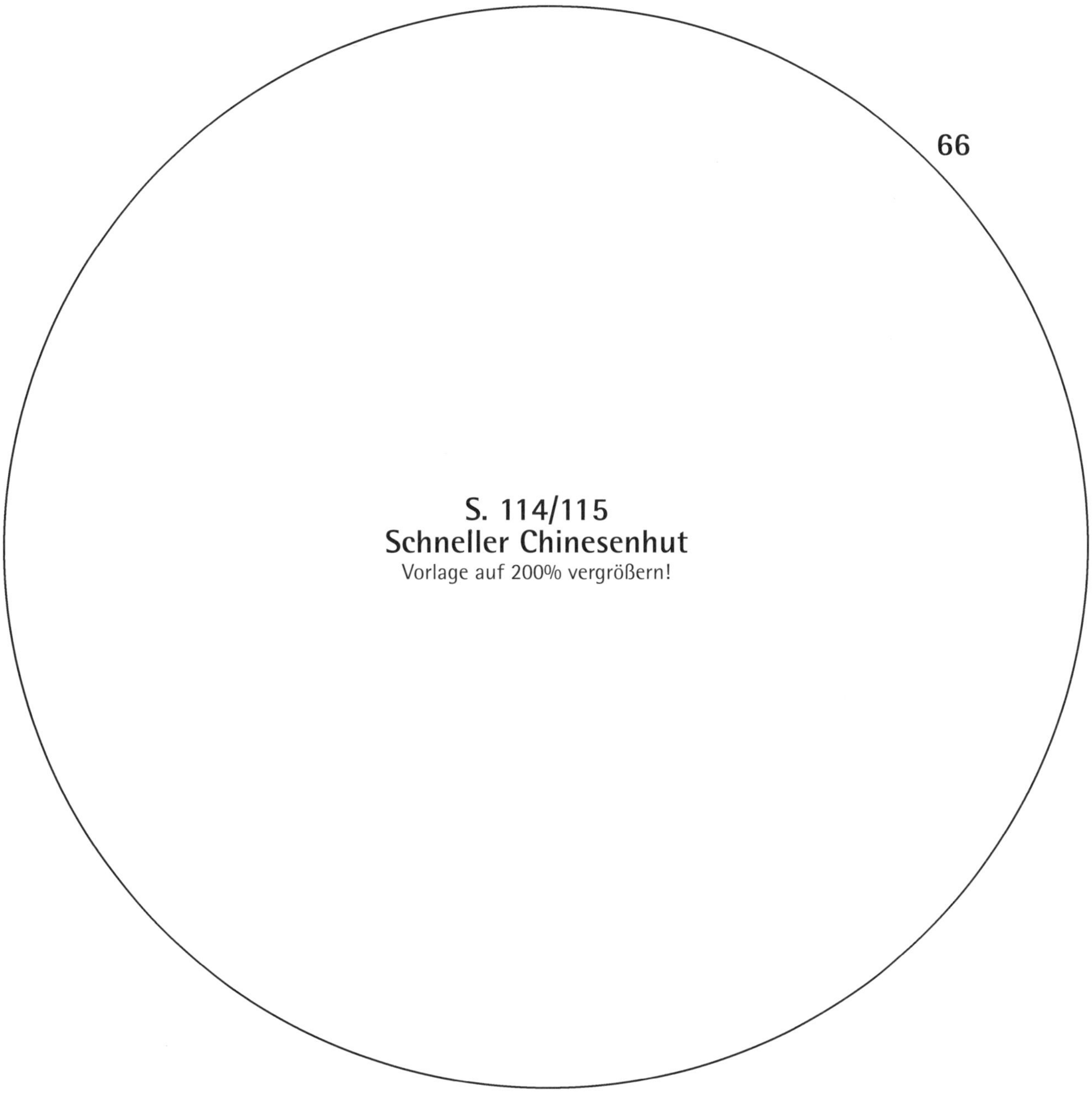

66

S. 114/115
Schneller Chinesenhut

Vorlage auf 200% vergrößern!

S. 114/115
Schneller Chinesenhut

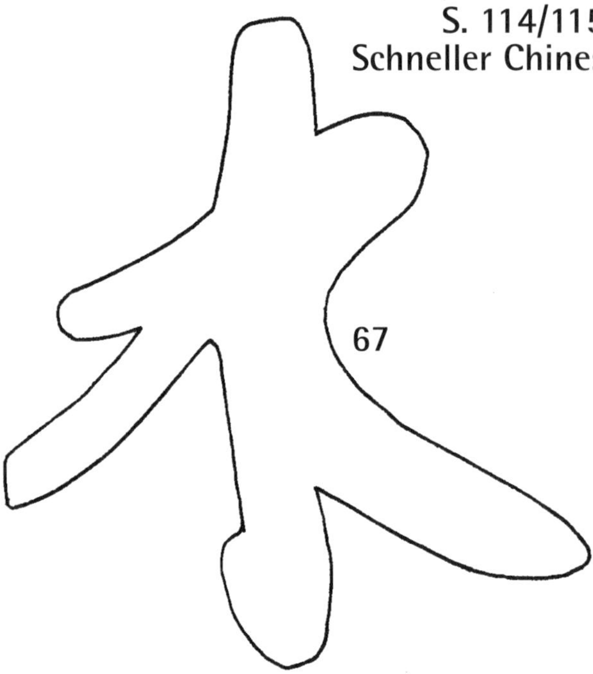

67

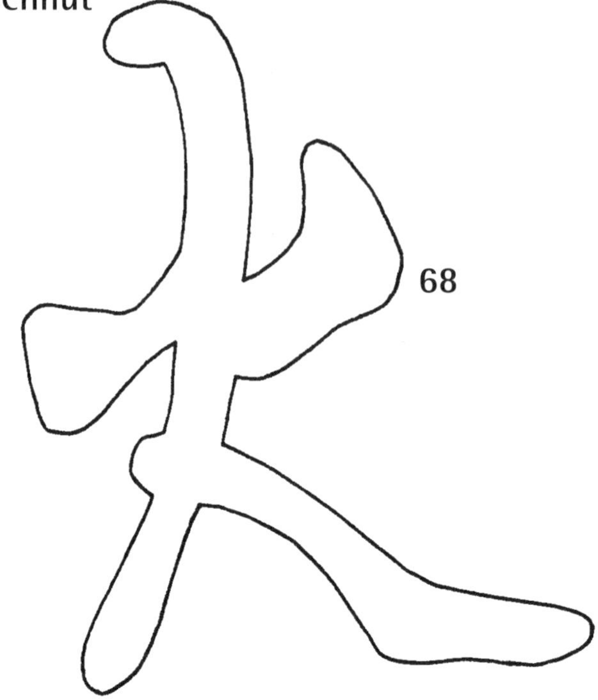

68

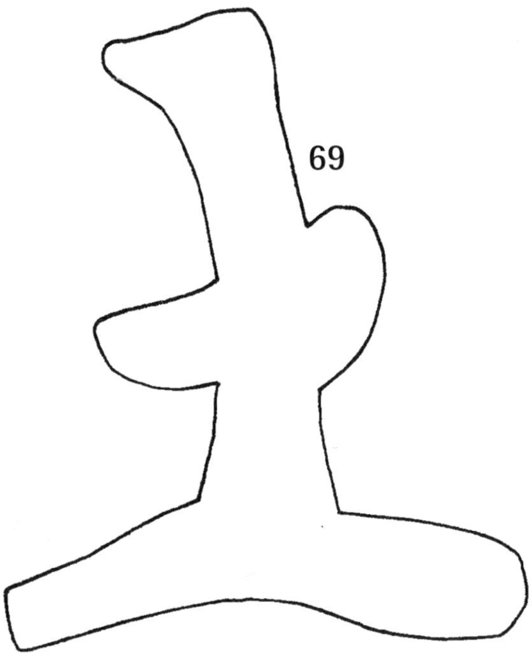

69

S. 116/117
Häuptling
Bunte Feder

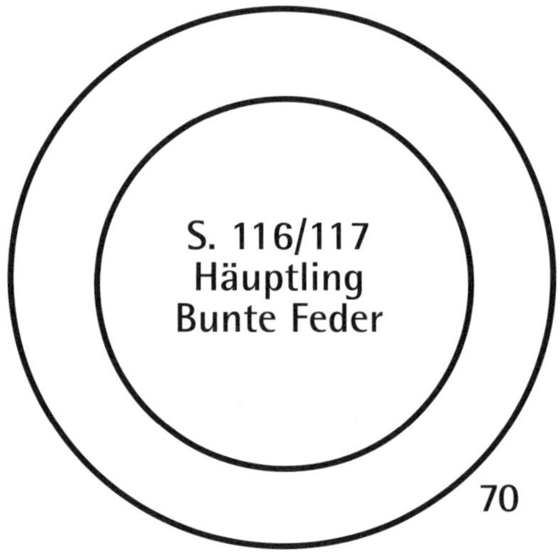

70

S. 120/121
Apachen-Kopfschmuck

71

S. 123
Joho, Piraten, joho!

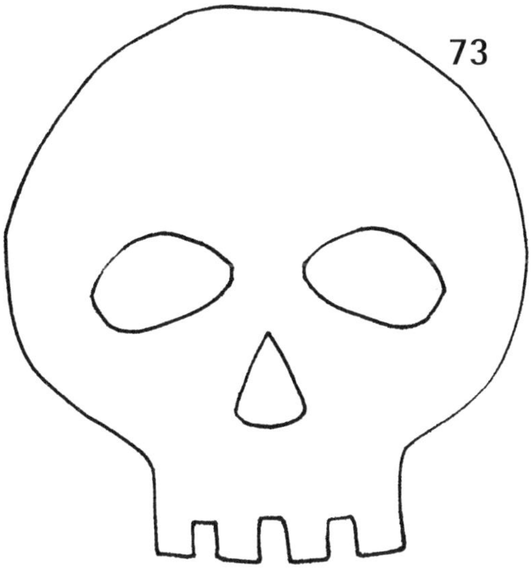

73

72

S. 123
Joho, Piraten, joho!
Vorlage auf 200% vergrößern!

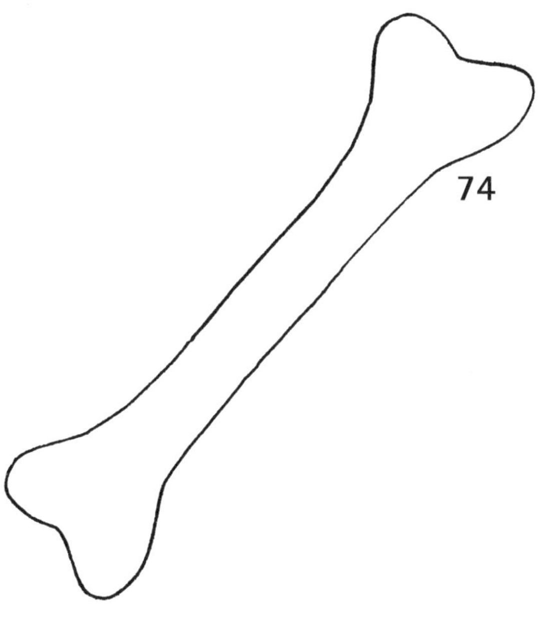

74

S. 132/133
Venezianischer Maskentraum

Vorlage auf 110% vergrößern!

75

76

S. 132/133
Venezianischer
Maskentraum

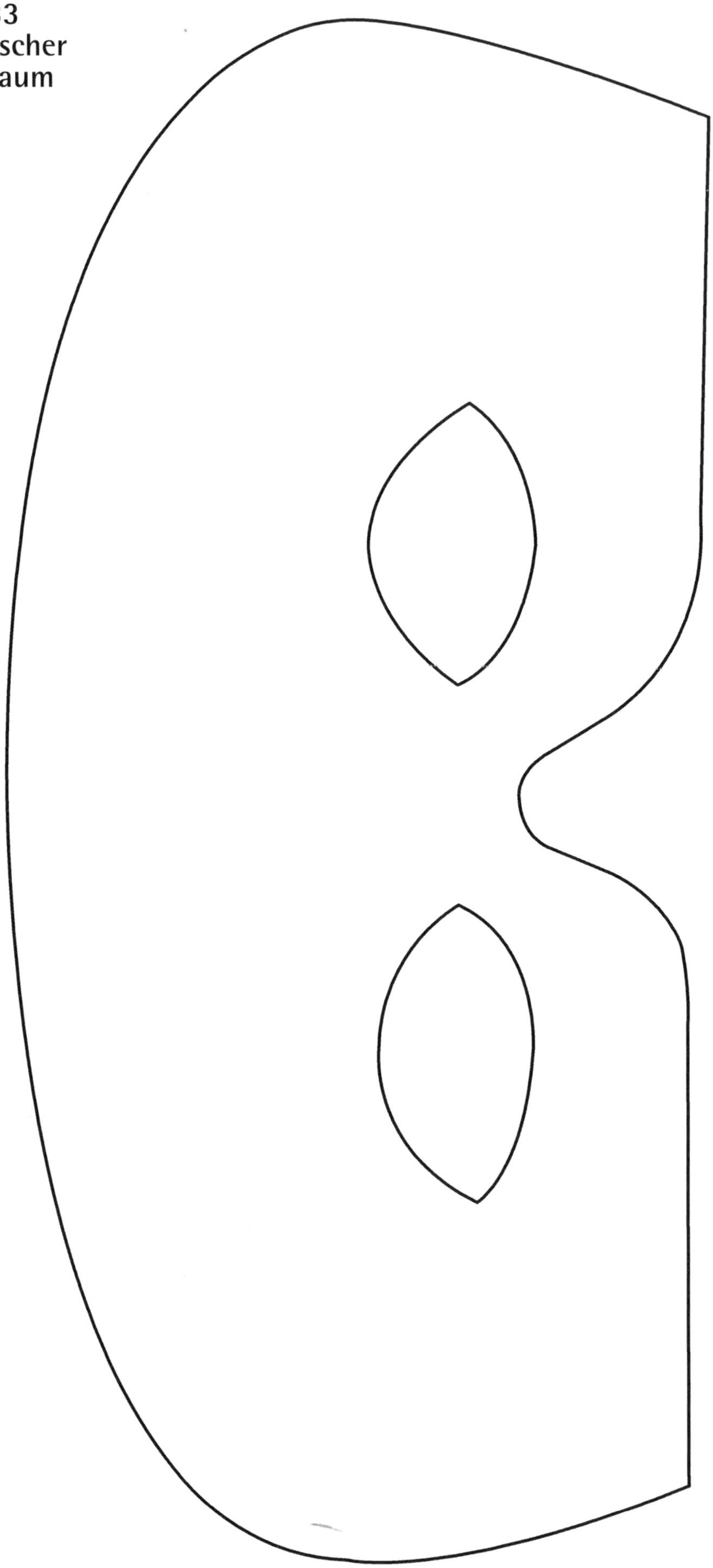
77

S. 137
Haariges Monster

Vorlage auf 110% vergrößern!

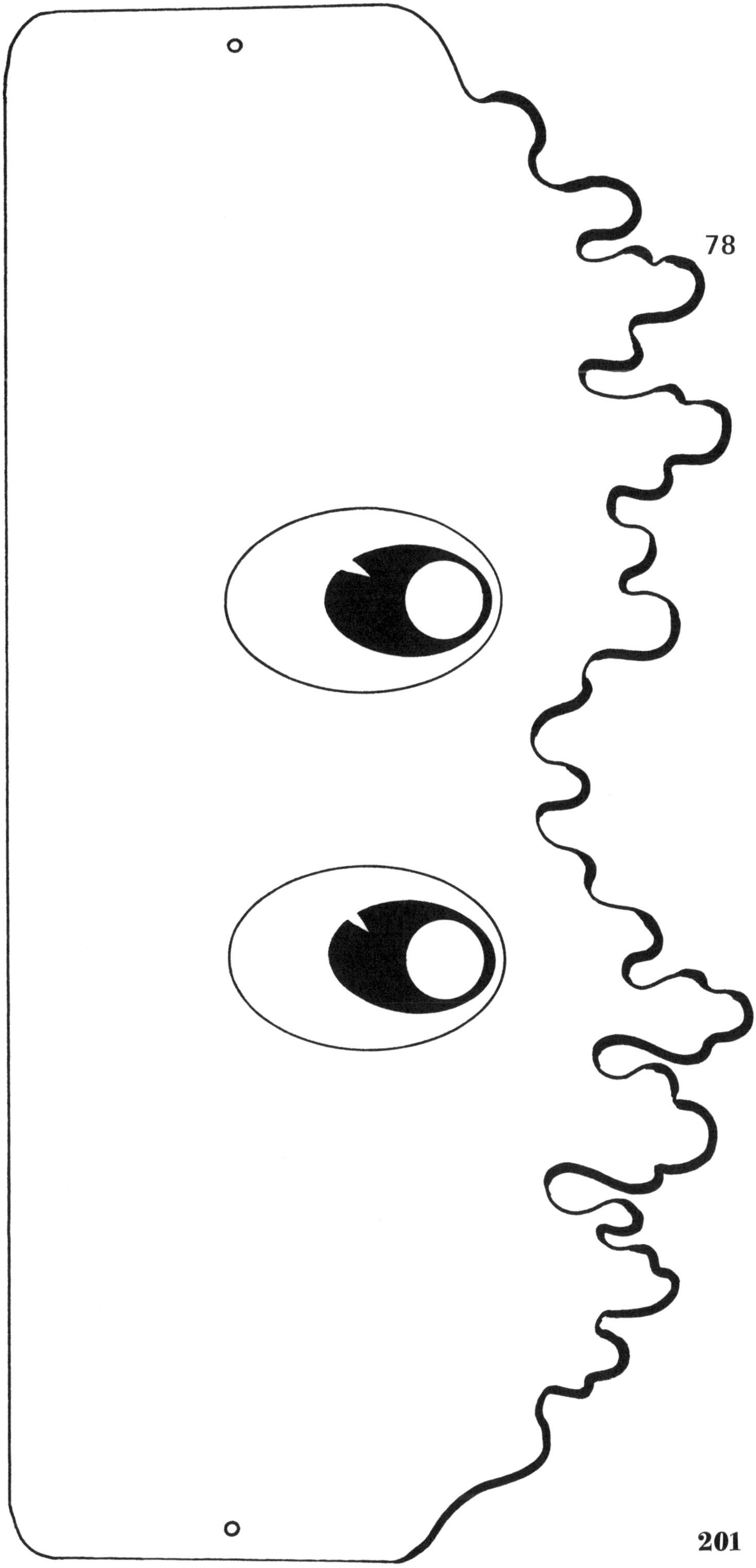

S.144
Flatternde Fledermäuse

S. 145
Flatternde Fledermäuse
Vorlage auf 125% vergrößern!

S. 148/149
Ein teuflisches Grinsen
Vorlage auf 110% vergrößern!

81

S. 152/153
Pfui, Spinne!
Vorlage auf 250% vergrößern!

82

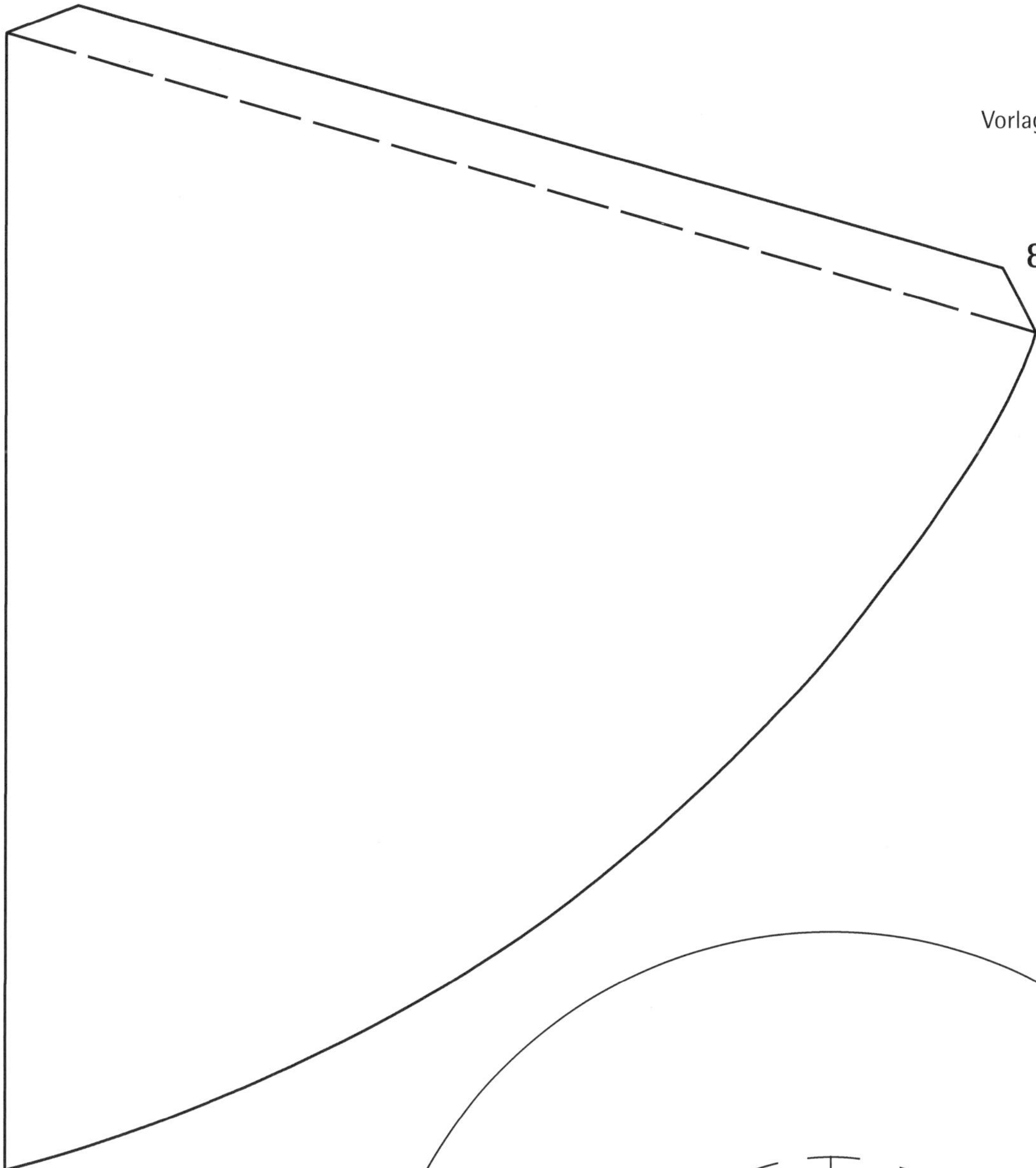

83

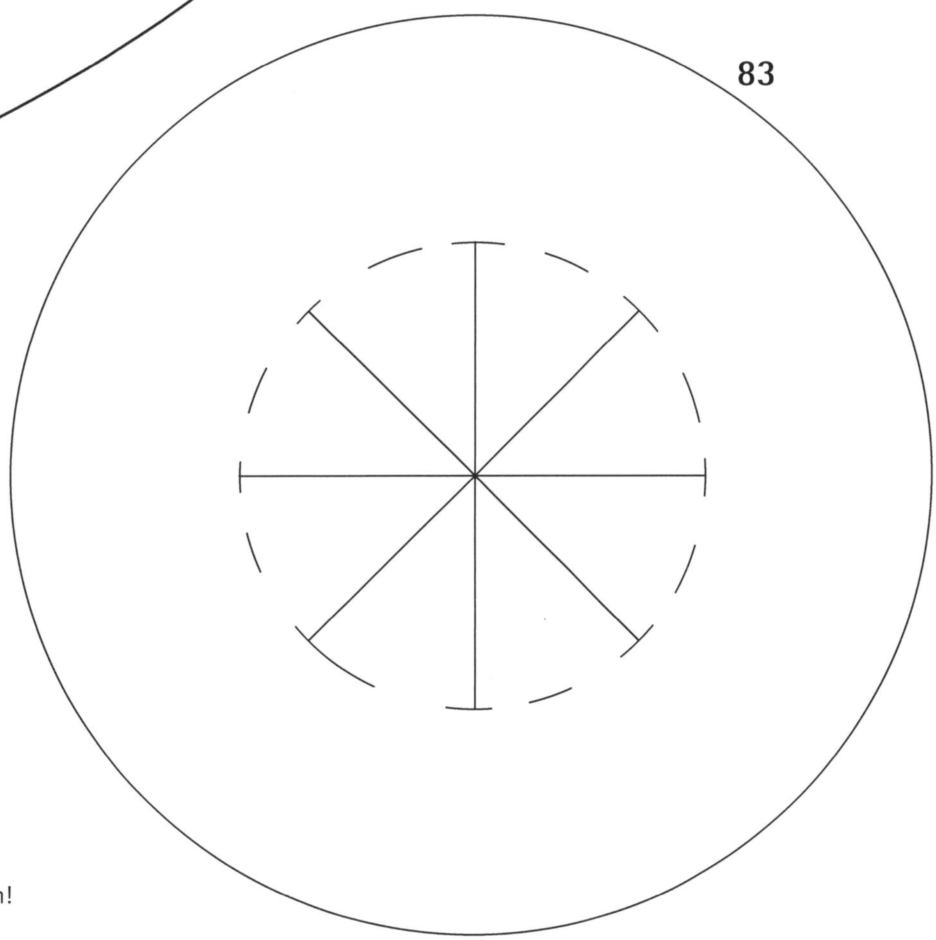

S. 152/153
Pfui, Spinne!
Vorlage auf 250% vergrößern!

Herstellerverzeichnis

Farben und Lacke:
Marabuwerke GmbH & Co.
Asperger Straße 4
71732 Tamm
www.marabu-kreativ.de

Impressum

Konzeption Modelle und Text: Yvonne Joosten

Modelle: Heike Wirtz (10-15, 30-33, 36-45, 48/49, 54/55, 60/61, 66/67, 77, 82/83, 88-91, 94/95, 98-101, 104/105, 108-111, 118/119, 122-125, 128-131, 134/135, 140-143, 146/147, 150/151, 154-157), Anne Pieper (16/17, 26-29, 34/35, 64/65, 70/71, 74/75, 120/121, 123, 137), B. Kalk (18/19, 22/23, 46/47, 80/81, 126/127, 136), W. Schultze (20/21, 58/59, 68/69, 72/73, 78/79), S. Wilkening/M. Dose (24/25, 145), C. Ebert-Weigel (52/53, 132/133), U. Sahler (56/57, 76, 86/87, 102/103, 114/115, 148/149, 152/153), M. Busch (62/63, 144/145), Carola Sturm (84/85), H. Melletat-Martin (96/97, 106/107), Gabriele Schuller (116/117)

Fotos: Fotostudio Mareth, Sabine Münch (Partyfotos S. 8/9, 50/51, 92/93, 112/113, 138/139)

Styling: Marliese Vogt (Schminkmasken), Ulrike Harter, Yvonne Joosten

Redaktion: Imke Erdmann
Lektorat: SCHAETZL@HAASZ-MEDIEN GbR, Christian Haasz

Umschlaggestaltung: Christiane Kölble
Layout und Produktion: www.heydesign.de, Isabell Rinner

2. Auflage 2005

ISBN 978-3-89858-676-4, gültig ab 01.01.2007
ISBN 3-89858-676-6

Repro: Baun PrePress, Fellbach

Druck und Bindung: J. P. Himmer, Augsburg

Das Beste aus unseren Zeitschriften: BASTEL SPASS – Hüte & Masken (B348), BASTEL SPASS SONDERHEFT – Hüte & Masken (B375), Basteln mit Kindern SPECIAL – Hüte & Masken (BK101), Creativ-Idee SONDERHEFT Kinder-Schminken (C145), Creativ-Idee SONDERHEFT Kinder-Schminken (C176), Creativ-Idee SONDERHEFT Kinder-Schminken (C209).